Ibrahim Mamane Souleye
Nelson Maculan
Michel Minoux

Le problème du plus court chemin avec des longueurs négatives

Ibrahim Mamane Souleye
Nelson Maculan
Michel Minoux

Le problème du plus court chemin avec des longueurs négatives

Formulations et inégalités valides

Éditions universitaires européennes

Impressum / Mentions légales

Bibliografische Information der Deutschen Nationalbibliothek: Die Deutsche Nationalbibliothek verzeichnet diese Publikation in der Deutschen Nationalbibliografie; detaillierte bibliografische Daten sind im Internet über http://dnb.d-nb.de abrufbar.
Alle in diesem Buch genannten Marken und Produktnamen unterliegen warenzeichen-, marken- oder patentrechtlichem Schutz bzw. sind Warenzeichen oder eingetragene Warenzeichen der jeweiligen Inhaber. Die Wiedergabe von Marken, Produktnamen, Gebrauchsnamen, Handelsnamen, Warenbezeichnungen u.s.w. in diesem Werk berechtigt auch ohne besondere Kennzeichnung nicht zu der Annahme, dass solche Namen im Sinne der Warenzeichen- und Markenschutzgesetzgebung als frei zu betrachten wären und daher von jedermann benutzt werden dürften.

Information bibliographique publiée par la Deutsche Nationalbibliothek: La Deutsche Nationalbibliothek inscrit cette publication à la Deutsche Nationalbibliografie; des données bibliographiques détaillées sont disponibles sur internet à l'adresse http://dnb.d-nb.de.
Toutes marques et noms de produits mentionnés dans ce livre demeurent sous la protection des marques, des marques déposées et des brevets, et sont des marques ou des marques déposées de leurs détenteurs respectifs. L'utilisation des marques, noms de produits, noms communs, noms commerciaux, descriptions de produits, etc, même sans qu'ils soient mentionnés de façon particulière dans ce livre ne signifie en aucune façon que ces noms peuvent être utilisés sans restriction à l'égard de la législation pour la protection des marques et des marques déposées et pourraient donc être utilisés par quiconque.

Coverbild / Photo de couverture: www.ingimage.com

Verlag / Editeur:
Éditions universitaires européennes
ist ein Imprint der / est une marque déposée de
OmniScriptum GmbH & Co. KG
Heinrich-Böcking-Str. 6-8, 66121 Saarbrücken, Deutschland / Allemagne
Email: info@editions-ue.com

Herstellung: siehe letzte Seite /
Impression: voir la dernière page
ISBN: 978-3-8417-4912-3

Zugl. / Agréé par: Paris, Université Pierre et Marie Curie, Janvier 2008

Le problème du plus court chemin avec des longueurs négatives

Formulations et inégalités valides

Ibrahim Mamane Souleye
Enseignant-chercheur
Université Abdou Moumouni (Niamey - Niger)

Nelson Maculan
Professeur émérite
Université Fédérale de Rio de Janeiro (Bresil)

Michel Minoux
Professeur des Universités
Université Pierre et Marie Curie (Paris 6, France)

Le problème du plus court chemin avec des longueurs négatives

Formulations et inégalités valides

Préface

This book is a significant addition to the existing body of research on the shortest path problem. This problem is classical in combinatorial optimization and its instances with cost data which are nonnegative, or more generally, permit no cycles of negative total length, prompted early polynomial-time algorithms which have had a profound influence on algorithmic development for the area of discrete optimization. Furthermore, its restriction to acyclic instances, also well-solved, is the basis for the highly applicable recursive computational technique known as dynamic programming. The classical position occupied by these special cases heightens the significance of the contribution of the present work to the fully general shortest path model.

The development here represents the first steps towards the use of branch-and-cut methodology to solve the shortest path problem in a general directed graph. This is a natural approach, given the success of branch-and-cut on a broad variety of combinatorial optimization models, including the traveling salesman, vehicle routing, and airline crew scheduling models, among others. The present book shows that this approach holds promise for solving moderately-sized instances of the general shortest path problem to optimality. The presentation is both accurate and well-written. Significantly, this work embodies a well-balanced blend of *modeling* - comparing the effectiveness of different formulations for the general shortest path model, *mathematics* - development of classes of valid inequalities for the discrete model, and *algorithms* - development of and experimentation with branch-and-cut algorithmic technology for this problem.

Leslie Earl Trotter
Professor and
Associate Dean
College of Engineering
Cornell University

Avant propos

Au cours de ces trente dernières années, la résolution de problèmes d'optimisation combinatoire, lorsqu'on ne dispose pas d'algorithme purement combinatoire, nécessite le plus souvent, de passer par une modélisation de ces problèmes sous forme de programme linéaire en nombres entiers ou mixtes. C'est le cas du problème traité dans le présent ouvrage, à savoir le problème du plus court *chemin élémentaire* dans les graphes orientés avec des circuits de longueur négative. De façon générale, il s'agit d'un problème qui est difficile au sens de la théorie de la complexité. Il a beaucoup d'applications dans des domaines variés. Par exemple, dans les problèmes de logistique et de transport, dans les problèmes de réseaux de télécommunication, de distribution d'énergie,...

Au fil des années, les logiciels de résolution de programmes linéaires mixtes se sont perfectionnés. La construction de relaxations de programmes linéaires en nombres entiers ou mixtes par des approches polyédrales est actuellement une approche fréquemment utilisée pour la résolution des programmes linéaires en nombres entiers ou mixtes. Au cours de ces vingt dernières années, de nombreuses techniques exploitant la génération d'*inégalités valides* ont été développées. Ces techniques se fondent principalement, soit sur la prise en compte de la structure du problème étudié (comme dans le cas du problème traité dans ce livre), soit en utilisant des techniques générales (telles que la programmation disjonctive ou les coupes mixtes de Gomory, par exemple).

Dans cet ouvrage, on s'intéresse au problème du plus court *chemin élémentaire* entre deux sommets donnés dans des graphes orientés pouvant comporter des circuits de longueurs négatives. De tels circuits sont aussi appelés *circuits absorbants*. En présence de *circuits absorbants*, le problème du plus court *chemin élémentaire* est NP-difficile (Garey et Johnson (1979)). Cependant, il existe quelques cas polynomiaux pour lesquels, ce problème peut être résolu efficacement par des algorithmes connus tels que l'algorithme de Djikstra (Djikstra, (1959)) et celui de Bellman-Ford (Ford, (1956)), (Bellman, (1958)). Ces algorithmes fournissent l'arborescence des plus courtes distances issues d'un sommet donné s du graphe. En présence de *circuits ab-*

iii

sorbants dans un graphe, l'algorithme de Bellman-Ford serait seulement utile
pour détecter des *circuits absorbants*. Dans la littérature, on dispose d'autres
algorithmes de détection de *circuits absorbants*. On peut ainsi se referer à
(Subramani et Kovalchick (2005)), (Subramani (2007)). D'autre part, Yamada et Kinoshita (2002) ont développé un algorithme basé sur la technique de "diviser pour régner" qui génère tous les *circuits absorbants* dans
un graphe. Di Puglia Pugliese et Guerriero (2010) ont présenté différents
algorithmes qui résolvent le problème de l'arborescence des plus courtes distances issues d'un sommet s donné dans des instances de graphes contenant
des *circuits absorbants*. Mehlhorn et al. (2002) propose un algorithme qui
permet de déterminer le plus court chemin entre chaque paire de sommets
u et v donnés dans un graphe contenant des *circuits absorbants*. Leur technique combine à la fois l'algorithme de Bellman-Ford pour détecter les *circuits absorbants* et celui de Djikstra pour calculer les plus courtes distances
dans un graphe auxilliaire sans circuit absorbant.

Dans cet ouvrage, par une approche différente basée sur une formulation
linéaire du problème du plus court *chemin élémentaire* entre deux sommets donnés dans des graphes contenant des *circuits absorbants*, on a étudié
une approche de type *plans coupants* pour la résolution du problème en
question. On commence par étudier des formulations de ce problème en
programmation linéaire à variables entières et mixtes. Une première formulation, dite "non compacte", inspirée de celle classique du problème du
voyageur de commerce, fait intervenir un nombre exponentiel de contraintes.
Nous étudions une seconde formulation dite "compacte" qui, contrairement
à la première, a l'avantage de nécessiter un nombre polynomial de variables
et de contraintes. Nous nous sommes, par la suite, intéressés à la formulation
"compacte". En effet, nos expérimentations ont montré que sa relaxation
linéaire est significativement plus forte. Dans le but de résoudre le problème
efficacement, on étudie ensuite la possibilité de générer des *inégalités valides*.
Nous proposons et étudions plusieurs classes de telles inégalités susceptibles
de renforcer la relaxation linéaire de la formulation "compacte".

Le présent document est organisé comme suit:
Dans le premier chapitre, on rappelle la formulation du problème du plus
court *chemin élémentaire* en mentionnant quelques cas pratiques d'application
de ce problème ainsi que quelques algorithmes polynomiaux connus applicables lorsque le graphe ne contient pas de *circuit absorbant*. En deuxième
partie de ce chapitre, on présente quelques familles de *coupes* (*inégalités
valides*) couramment utilisées dans les solveurs de programmation linéaire
mixte telles que les inégalités de *cliques*, de *cover*, ou les *coupes mixtes de
Gomory*. On rappelle enfin les principes de base de la technique de *lifting*
qui jouera un role important dans les améliorations du chapitre 5.

Dans le deuxième chapitre, nous présentons deux formulations linéaires du problème du plus court *chemin élémentaire*. La première, à variables 0-1, contient un nombre exponentiel de contraintes. La deuxième, contrairement à la première, est à variables 0-1 mixtes et a un nombre polynomial de variables et de contraintes. Nous comparons ensuite les relaxations linéaires des deux formulations. Nos expérimentations montrent que la relaxation linéaire de la formulation "compacte" est significativement plus forte. A notre connaissance, cette formulation n'a jamais été exploitée jusqu'ici pour construire des algorithmes de résolution.

Le troisième chapitre est consacré à la présentation de nouvelles classes *d'inégalités valides* pour le problème du plus court *chemin élémentaire* entre deux sommets donnés dans un graphe orienté avec des *circuits absorbants*. Les différentes classes d'*inégalités valides*, correspondant à divers choix possibles d'un paramètre entier $k \geq 0$, sont appelées *inégalités valides* d'ordre k. De telles inégalités, lorsqu'elles sont coupantes, contribuent au renforcement de la relaxation linéaire de la formulation "compacte". L'efficacité de tout algorithme exploitant ces *inégalités valides* dépend de la difficulté de résolution du problème de séparation correspondant.

Nous montrons dans le quatrième chapitre, la difficulté potentielle du problème de séparation pour diverses classes d'*inégalités valides* proposées. Néanmoins pour tester l'efficacité de ces *inégalités valides*, nous utilisons, dans un premier temps, des méthodes naïves (basées sur l'énumération de tous les s-t chemins élémentaires) s'appliquant sur des graphes contenant un nombre limité de $s - t$ *chemins élémentaires*.

Dans le cinquième chapitre, en exploitant les résultats du chapitre 4, on propose une technique de *lifting* pour la séparation des *inégalités valides* d'ordre k (k entier). La technique de *lifting* permet de construire des *inégalités valides* pour le problème, à partir d'*inégalités valides* générées relativement à des sous graphes. Deux familles d'*inégalités valides liftées* sont suggérées et étudiées. Celles qui sont désignées sous le nom d'*inégalités valides liftées simples* (*LS*) d'une part et celles appelées *inégalités valides liftées* de *cocycle* (*LC*) d'autre part. Ces *inégalités liftées* sont testées sur une série d'exemples générés aléatoirement pour des graphes de tailles jusqu'à 200 sommets. On trouve en moyenne respectivement un gain sur le saut d'intégrité de l'ordre de $11,41\%$ (resp $45,30\%$) grâce aux *inégalités valides liftées simples* (resp. aux *inégalités valides liftées* de *cocycle*). On constate qu'en terme de renforcement les *inégalités liftées* de *cocycle* sont sensiblement meilleures. En revanche, on montre qu'il est beaucoup moins coûteux d'obtenir les *inégalités liftées simples* (cf: tableaux 5.4 et 5.5 du cinquième chapitre). On montre de plus qu'en procédant de façon itérative à des renforcements par ces *inégalités liftées simples*, on peut obtenir des améliorations supplémentaires souvent très importantes. Ainsi, les résultats obtenus montrent que sur la même série d'exemples de graphes de tailles atteignant les 200 sommets, en moins de dix itérations, on arrive à obtenir la solution optimale entière pour plus de 50% des exemples considérés.

La matière de ce livre provient essentiellement des travaux de recherche menés par Ibrahim Mamane Souleye en collaboration avec les professeurs Nelson Maculan et Michel Minoux.

Nous exprimons toute notre gratitude à l'égard du professeur Leslie Trotter, (Université de Cornell (USA)), d'avoir accepté de préfacer ce présent ouvrage.

Cet ouvrage s'adresse aux ingénieurs, chercheurs et étudiants de Master à la recherche d'outils efficaces pour résoudre les problèmes complexes de cheminement auxquels ils sont confrontés. Le problème du plus court chemin a, en effet, beaucoup d'applications dans des domaines variés. Par exemple, on peut citer les domaines de la logistique, des transports, des télécommunications, de distribution d'énergie, ... D'un point de vue pédagogique, cet ouvrage met en jeu une large panoplie de connaissances théoriques et techniques indispensables pour mieux appréhender le lien qui existe entre des concepts tels que la *théorie des graphes*, les problèmes d'*optimisation combinatoire* et la *programmation discrète*.

M.S. Ibrahim.
N. Maculan.
M. Minoux.

Liste des notations

Ensembles:

$\mathbb{R}$	Ensemble des nombres réels.
$\mathbb{N}$	Ensemble des nombres entiers.
$\mathbb{Z}$	Ensemble des nombres relatifs.
$\mathbb{R}^n$	Ensemble des vecteurs à n composantes réelles.
$\{a, b, c\}$	Un ensemble à 3 éléments.
$a \in A$	a est un élément de l'ensemble A.
$A \cap B$	L'intersection de A et de B.
$A \subset B$	A est inclus dans B.
$A \cup B$	L'union des éléments de A et de B.
$A \setminus B$	Les éléments de A qui ne sont pas dans B.
$|A|$	La cardinalité de A, ie, le nombre déléments de A.

Graphes:

$G = (V, E)$	Graphe orienté dont l'ensemble des sommets est V et l'ensemble des arcs est E.
$\Gamma^+(i)$	L'ensemble des successeurs du sommet i.
$\Gamma^-(i)$	L'ensemble des prédecesseurs du sommet i.
$|\Gamma^+(i)|$	Demi-degré extérieur du sommet i.
$|\Gamma^-(i)|$	Demi-degré intérieur du sommet i.
$w^+(A)$	L'ensemble des arcs sortants de A.
$w^-(A)$	L'ensemble des arcs entrants en A.
p_i	i^{eme} $s - t$ chemin élémentaire dans un graphe.
Q	L'ensemble des $s-t$ chemins élémentaires dans un graphe.
q	Le nombre de $s-t$ chemins élémentaires dans un graphe.
$V(p_i)$	L'ensemble des sommets de p_i.
$E(p_i)$	L'ensemble des arcs de p_i.

Contents

Chapter 1

Plus court chemin et Inégalités valides

1.1 Le problème du plus court chemin

1.1.1 Définition

Etant donné un graphe orienté $G = (V, E)$, on associe à chaque arc, $(i, j) \in E$, un coût $w_{ij} \in \mathbb{R}$. Le problème du plus court chemin [1] entre deux sommets s et t donnés consiste à trouver un *chemin élémentaire* $\gamma(s, t)$ de s à t dont la longueur totale est minimale, ie:

$$\sum_{(i,j) \in \gamma(s,t)} w_{ij} \qquad (1.1)$$

soit minimale. On rappelle qu'un $s - t$ chemin, $\gamma(s, t)$, est dit *élémentaire* si lors de son parcours, il passe une et une seule fois par chacun de ses sommets.

Dans la littérature, on trouve plusieurs variantes de ce problème, à savoir:

pcc_1: Le problème du plus court chemin entre deux sommets s et t donnés;

pcc_2: Le problème des plus courts chemins entre un sommet s donné et tous les autres sommets du graphe G;

pcc_3: Le problème des plus courts chemins entre toutes les paires (u, v) de sommets du graphe.

Le problème du plus court chemin est un problème classique de recherche opérationnelle tout comme le problème du voyageur de commerce. Dans l'industrie, il a de nombreuses applications. On peut citer: les problèmes de tournées, certains problèmes d'investissement et de gestion de stocks, des problèmes d'optimisation de réseaux,... (Minoux et Gondran (1995)).

---

[1]Dans la suite du document, on désignera le problème du plus court chemin par *pcc*.

1

Dans la partie suivante, on va présenter quelques exemples d'applications de *pcc* dans les graphes contenant des *circuits absorbants*.

1.2   Exemples d'application

1.2.1   Recherche d'itinéraire le plus rentable

Etant données n localités $1, 2, \ldots, n$, un opérateur économique menant ses affaires doit quitter la localité 1 et atteindre la localité n, en traversant un certain nombre de localités i, $2 \leq i \leq n - 1$. On connaît les coûts du trajet w_{uv} entre chaque paire de localités (u, v), $1 \leq u, v \leq n$. D'autre part, par expérience et en fonction des jours de la semaine, l'opérateur connaît en moyenne le profit p_{uv} que ses activités peuvent engendrer durant son trajet de la localité u vers la localité v. On peut montrer que la détermination de l'itinéraire le plus rentable pour l'opérateur économique revient à chercher le *chemin élémentaire* γ allant de la ville 1 à la ville n tel que

$$\sum_{(u,v) \in E(\gamma)} (w_{uv} - p_{uv})$$

soit minimum. $E(\gamma)$ est l'ensemble des arcs du *chemin élémentaire* γ. Il faut noter que le graphe modélisant cette situation peut éventuellement contenir des *circuits absorbants*. En effet, les quantités $w_{uv} - p_{uv}$ peuvent être négatives.

1.2.2   Prize collecting traveling salesman problem

Un autre exemple d'application du problème du plus court chemin dans les graphes avec des *circuits absorbants* peut être une généralisation du problème du voyageur de commerce (*pvc*) dans lequel le voyageur de commerce paie une pénalité p_v pour toute ville v non visitée. Considérant comme dans le cas précédent les coûts w_{uv} (les coûts du trajet entre les villes u et v), le problème consiste à minimiser la somme du coût total du parcours et des pénalités. Cela suppose qu'un parcours doit passer par un nombre maximum de villes. Le parcours du voyageur dans une solution optimale peut être un circuit qui n'est pas forcément hamiltonien. Ce problème a été introduit dans la littérature par Balas (1989), et est connu sous le nom de *prize collecting traveling salesman problem* (PCTSP). Balas (1989) présente deux formulations de ce problème et analyse les propriétés liées à la structure du polytope représentatif et de l'enveloppe convexe des solutions. Il identifie aussi plusieurs familles de facettes de ce polytope. Ces facettes ont été exploitées soit dans des algorithmes de plans coupants ou comme base d'une méthode lagrangienne.

Par ailleurs, Fischetti et Toth (1988) ont developpé différentes procédures fondées sur des relaxations de PCTSP. Ils ont également mis en oeuvre un algorithme d'énumération et de séparation (Branch and Bound) pour PCTSP. Cet algorithme a été testé sur des problèmes de petites tailles.

Goemans et Williamson (1995) ont introduit une méthode approchée de résolution d'une version de PCTSP. Dell'Amico et al. (1998) ont developpé une heuristique basée sur de la relaxation lagrangienne pour générer des solutions approchées de PCTSP. Ces solutions sont, par la suite, exploitées et rendues réalisables par d'autres techniques. Dans la littérature, on trouve d'autres techniques proposées pour la résolution de PCTSP. A titre indicatif, on peut se referér à Chaves, Lorena (2005) et Feillet, Dejax, Gendreau (2005).

D'autre part, Ibrahim (2013) a montré comment transformer en temps polynomial toute instance G de PCTSP en une instance G' d'un problème du plus court chemin en présence de circuits absorbants. Pour obtenir l'instance G' à partir de l'instance G, on applique les opérations suivantes:

- θ_1: pour tout sommet v de G ayant pour pénalité p_v, on associe les sommets v', v'' et l'arc (v', v'') doté du coût $-p_v$.

- θ_2: pour tout arc (u, v) de coût w_{uv} de G, on associe l'arc (u'', v') de coût w_{uv} dans G'.

- θ_3: on rajoute dans G' les sommets s, t, les arcs (s, v') $\forall$ v' et les arcs (v'', t) $\forall$ v'' de coûts nuls.

Ainsi, résoudre PCTSP dans G revient à déterminer le plus court $s - t$ *chemin élémentaire* dans G'. Il faut noter qu'à cause des arcs de type (v', v''), l'instance G' peut éventuellement contenir de *circuits absorbants*.

Dans la partie suivante, on va présenter quelques cas polynomiaux du problème du plus court chemin, en rappelant les algorithmes de résolution correspondant.

1.3 Cas polynomiaux et Algorithmes de résolution

En général, le problème du plus court chemin dans un graphe quelconque avec des coûts positifs ou négatifs est NP-difficile (Garey et Johnson 1979). Par contre, il existe de nombreux cas où *pcc* peut être résolu en temps polynomial.

1.3.1 Algorithme de Djikstra

Recherche des plus courts chemins d'un sommet s aux autres sommets dans un graphe $G = (V, E)$ dont les coûts des arcs sont tous positifs ou nuls. Posons $V = \{1, 2, ..., n\}$.

(a). Initialisation

$s = 1$;

$\bar{S} \leftarrow \{2, 3, ..., n\}$;

$\pi(s) \leftarrow 0$;

$\pi(i) \leftarrow \left\{ \begin{array}{l} w_{si} \; si \; i \in \Gamma^+(s); \\ +\infty \; sinon. \end{array} \right.$;

(b). Selectionner $j \in \bar{S}$ **tel que**

$\pi(j) = \min_{i \in \bar{S}} \pi(i)$;

faire

$\bar{S} \leftarrow \bar{S} \setminus \{j\}$;

si $|\bar{S}| = 0$ **alors** la procédure se termine;

sinon

> **pour tous les** $i \in \bar{S}$ **and** $i \in \Gamma_j^+$ **faire**
> | $\pi(i) \leftarrow \min(\pi(i), \pi(j) + w_{ji})$;
> **fin**
> Retourner en (b);

fin

Algorithm 1: algorithme de Djikstra

$\pi(i)$ désigne la longueur du plus court chemin entre le sommet racine s et i. Le temps requis par l'algorithme de Djikstra est de l'ordre de n^2. On trouve dans la litterature des variantes de cet algorithme avec temps de résolution moins coûteux. (Fredman et Tarjan (1987)), (Gallo et Pallotino (1988)).

1.3.2   Algorithme de Bellman

Recherche des plus courts chemins d'un sommet $s = 1$ aux autres sommets dans un graphe $G = (V, E)$ quelconque (ou detection de *circuit absorbant*). Posons $|V| = n$ et $|E| = m$.

$\pi^j(i)$ désigne la longueur du plus court chemin entre le sommet racine $s = 1$ et i ne contenant pas plus de j arcs. S'il n'existe pas de *circuit absorbant*, l'algorithme fournit la solution optimale en un temps maximal requis de l'ordre de mn. Il faut également noter qu'à la sortie des 2 algorithmes présentés ci-dessus, en absence de *circuit absorbant*, on obtient l'arborescence des plus courts chemins entre s et les autres sommets du graphe. Donc il s'agit d'algorithmes de résolution du problème pcc_2.

Dans la partie 1.3.3, on va présenter un algorithme de résolution de pcc_3.

(a). Initialisation
$\pi^0(s) \leftarrow 0$;
$\pi^0(i) \leftarrow +\infty, \ i \in V \setminus \{s\}$;
$k \leftarrow 1$;
(b). A l'itération k
$\pi^k(s) \leftarrow 0$;
pour tous les $i \in V \setminus \{s\}$ **faire**
$\quad | \quad \pi^k(i) \leftarrow \min(\pi^k(i), min_{j \in \Gamma_i^{-1}}(\pi^{k-1}(j) + w_{ji}))$;
fin
(c). si $\pi^k(i) = \pi^{k-1}(i) \ \forall \ i$ **alors**
$\quad |$ la procédure se termine;
fin
si $k \leq n-1$ **alors**
$\quad | \quad k \leftarrow k+1$;
$\quad |$ Retourner en (b);
fin
si $k = n$ **alors** il existe un circuit absorbant;

Algorithm 2: algorithme de Bellman

1.3.3 Algorithme de Floyd

Cet algorithme s'applique à la recherche des plus courts chemins entre toutes les paires de sommets de $G = (V, E)$ ou à la détection de circuit de longueur négative.

L'algorithme de Floyd fait partie des algorithmes matriciels comme celui de Dantzig (1966). Ils sont ainsi nommés parce qu'ils fournissent la matrice des plus courts chemins entre toutes les paires de sommets (i, j). Avec $i \in V$ et $j \in V$. Ici, on ne va présenter que l'algorithme de Floyd.

On définit les matrices $L = (l_{ij})$ et $\hat{L} = (\hat{l}_{ij})$ où:

$$l_{ij} = \begin{cases} w_{ij}, \ si \ (i,j) \in E \\ \\ +\infty \ sinon. \end{cases}$$

w_{ij} est la longueur de l'arc $(i, j) \in E$.

$l_{ii} = 0 \ avec \ i \in V$

et

$$\hat{l}_{ij} = \begin{cases} \pi(ij), \ si \ j \in \hat{\Gamma}_i \\ \\ +\infty \ sinon. \end{cases}$$

$\pi(ij)$ est la longueur du plus court chemin entre les sommets i et j. $j \in \hat{\Gamma}_i$ exprime qu'il existe un chemin allant de i à j. En d'autres termes, on dit que j est un descendant du sommet i dans le graphe G.

Posons $L^{(0)} = L$. On calcule la matrice $L^{(1)}$ par les formules:

$$l_{ij}^{(1)} = min(l_{ij}^{(0)}, l_{i1}^{(0)} + l_{1j}^{(0)})$$

$l_{ij}^{(1)}$ représente la longueur minimum des chemins de i à j ne pouvant avoir que 1 comme sommet intermédiaire. A l'ordre k, on calcule la matrice $L^{(k)}$ à partir de la matrice $L^{(k-1)}$ par les formules:

$$l_{ij}^{(k)} = min(l_{ij}^{(k-1)}, l_{ik}^{(k-1)} + l_{kj}^{(k-1)})$$

$l_{ij}^{(k)}$ représentant la longueur minimum des chemins de i à j dont les seuls sommets intermédiaires sont des sommets de l'ensemble $\{1, 2, ..., k\}$.
On en déduit que $L^{(n)} = \hat{L}$. D'où l'algorithme ci-dessous.

---

pour $k \leftarrow 1$ à n **faire**

    pour $i \leftarrow 1$ à n **faire**

        si $l_{ik} = +\infty$ **alors**

            Passer au sommet i suivant;

            si $l_{ik} + l_{ki} \leq 0$ **alors**

                Détection de circuit absorbant;

        fin

    fin

    pour $j \leftarrow 1$ à n **faire**

        $l_{ij} \leftarrow min(l_{ij}, l_{ik} + l_{kj})$;

    fin

    fin

fin

Algorithm 3: Algorithme de Floyd

L'algorithme de Floyd s'exécute en un temps polynomial de l'ordre de n^3. Cependant signalons qu'en se limitant seulement à ces algorithmes, on ne résout pas pcc_1 directement, mais que dans la pratique, on passe, le plus souvent, par la résolution de pcc_2. En plus, ces algorithmes ne s'appliquent pas dans des graphes quelconques pouvant comporter des *circuits absorbants*. Dans ces conditions, comment résoudre pcc_1 sans pour autant passer par la résolution de pcc_2 ou pcc_3? Dans le prochain chapitre, on étudiera des formulations de pcc_1 sous forme de programmes linéaires à variables entières et mixtes. Pour la résolution, on utilisera des techniques de générations d'*inégalités valides* en programmation linéaire mixte à variables entières 0-

1 (MIP_{0-1}[2]). Dans les paragraphes suivants, nous allons donc rappeler quelques uns des concepts utiles dans ce domaine.

1.4 Inégalités valides en programmation 0-1 mixte

Définition 1.1. Un polyèdre X de $\mathbb{R}^n$ est l'ensemble de solutions d'un système d'inégalités linéaires. C'est un ensemble convexe.

Définition 1.2. Un polytope est un polyèdre borné. Alternativement un polytope de $\mathbb{R}^n$ peut être défini comme l'enveloppe convexe d'un ensemble fini de points de $\mathbb{R}^n$.

Définition 1.3. L'enveloppe convexe d'un ensemble fini de points de $\mathbb{R}^n$ est l'ensemble des combinaisons convexes de ces points. En général, on note *conv($x_1, x_2, ..., x_n$)* pour désigner l'enveloppe convexe des points $x_1, x_2, ..., x_n$.

Définition 1.4. Une inégalité est dite *valide* pour un polyèdre si elle est satisfaite par tous les points du polyèdre.

Définition 1.5. Soit X un polyèdre. Soit x un point de l'espace tel que $x \notin X$.
On dit qu'une *inégalité valide* pour X est *coupante* relativement au point x, si elle n'est pas satisfaite par x. On dit également qu'une telle inégalité *sépare* le point x du polyèdre X.

Définition 1.6. Les points $x_1, x_2, ..., x_n \in \mathbb{R}^n$ sont *affinement indépendants* si l'unique solution de $\sum_{i=1}^{n} \alpha_i x_i = 0, \sum_{i=1}^{n} \alpha_i = 0$ est $\alpha_i = 0, \forall i$.

Définition 1.7. La dimension d'un polyèdre X est égale à k si le nombre maximal de points de X affinement indépendants est égal à $k + 1$. On note $dim(X) = k$.

Définition 1.8. Une *face propre* F d'un polyèdre X est une *inégalité valide* pour X telle que $F \cap X \neq \emptyset$.

Définition 1.9. Une *facette* F du polyèdre X est une *face propre* de X telle que $dim(F) = dim(X) - 1$.

Les techniques de génération d'*inégalités valides* sont très utilisées pour la résolution des problèmes linéaires à variables entières ou mixtes. De

---

[2]Dans la suite, on désignera par MIP_{0-1} un programme linéaire à variables mixtes dont les variables entières sont bivalentes.

telles inégalités permettent de renforcer la relaxation linéaire du problème en question et contribue à la construction d'algorithmes de résolution de type *plans coupants*. Dans cette partie, on va s'intéresser à des classes d'*inégalités valides*, qu'on retrouve dans des solveurs tels que COIN/Cgl, pour les problèmes MIP_{0-1}.

1.4.1   Présentation générale d'un MIP_{0-1}

Un MIP_{0-1} est de la forme:
(P)
$$\begin{cases} Min \ c^T x \\ s.t. \\ Ax \leq b, \\ x_j \in \{0, 1\} \ \forall \ j \in J, \\ x_j \in \mathbb{R}_+ \ \forall \ j \in \bar{J} = N \setminus J, \end{cases}$$

où $N = \{1, 2, ..., n\}$, $A \in \mathbb{R}^{m*n}$, $c \in \mathbb{R}^n$, $b \in \mathbb{R}^m$.
On peut reformuler (P) de la façon suivante:

$$\begin{cases} Min \ c^T x \\ x \in X \end{cases}$$

Avec $X = \{x \in \mathbb{R}_+^n : Ax \leq b, x_j \in \{0, 1\} \ \forall \ j \in J\}$.
Par souci de simplicité dans la présentation du document, sans être restrictif, on va supposer que X est non vide et borné.
Soit $(\bar{P})$, *la relaxation linéaire* de (P) . On l'obtient en relâchant les contraintes d'intégrité de (P). Elle s'ecrit:
$(\bar{P})$
$$\begin{cases} Min \ c^T x \\ s.t. \\ Ax \leq b, \\ x_j \in [0, 1] \ \forall \ j \in J, \\ x_j \in \mathbb{R}_+ \ \forall \ j \in \bar{J} = N \setminus J. \end{cases}$$

Une idée assez naturelle quand on est en face d'un problème tel que (P) consiste à résoudre le problème relaxé $(\bar{P})$. Posons $\bar{x}$, la solution optimale de $(\bar{P})$. Si $\bar{x}_J \in \{0, 1\}^J$, $\bar{x} \in X$, alors $\bar{x}$ est une solution optimale de (P). Mais dans la plupart des cas, on trouve $\bar{x} \notin X$.
Face à une telle situation, une approche classique consiste à trouver une (ou des) *inégalité(s) valide(s)* dont leur ajout dans $(\bar{P})$ éliminerait $\bar{x}$. D'où le nom de *coupes* ou *plans coupants*. Ainsi, deux cas de figures peuvent se présenter:
- soit on a trouvé la solution optimale de (P);
- ou bien on a construit une autre relaxation linéaire de (P) qui est plus forte que $(\bar{P})$.
Introduisons la notion de *problème de séparation* qui, pour un polyèdre X

et un point $\bar{x} \notin X$ donnés, consiste à trouver $\alpha \in \mathbb{R}^n$, $\beta \in \mathbb{R}$ tels que:

$$\alpha^T x \leq \beta \quad \forall x \in X$$

et

$$\alpha^T \bar{x} > \beta.$$

Cette idée a été exploitée dans le chapitre 3 pour générer des *inégalités valides* pour le problème du plus court chemin.

1.4.2 Exemples d'*inégalités valides* portant sur des structures particulières

a) Les Structures de *stables*: les *inégalités* de *cliques* et de *cycles impairs*

Etant donné un graphe $G = (V, E)$, le problème du *stable* consiste à trouver un sous ensemble de sommets non adjacents dans G de cardinalité maximale. Ce problème se modélise comme un problème linéaire 0/1, en définissant une variable x_i pour tout sommet i de G. Le modèle est le suivant:

$$\begin{cases} Max \ \sum_{i \in V} x_i \\ s.t. \\ x_i + x_j \leq 1, \quad \forall (i,j) \in E \\ x \in \{0,1\}^n. \end{cases}$$

Le polyèdre du *stable* a été très étudié et de nombreuses classes d'*inégalités valides* ont été mises en évidence. Nous nous contenterons de mentionner ici les contraintes de *cliques* et de *cycles impairs* pour lesquelles les algorithmes de *séparation* exacts ou approchés sont assez efficaces.

Dans un programme linéaire 0/1, les structures de *stables* correspondent aux contraintes *binaires* de type:

$$x_i + x_j \leq 1.$$

D'autre part, on appelle *clique* un ensemble de sommets $C_1 = \{i_1, i_2, ..., i_k\}$ tel qu'il existe une contrainte *binaire* entre les variables de chaque paire de sommets. Ainsi,

$$\sum_{i \in C_1} x_i \leq 1$$

est valide pour toute *clique* (Padberg, 1973). On l'appelle *inégalité de clique*. Une *clique* C est dite maximale pour l'inclusion s'il n'existe pas de *clique* C' telle que $C \subset C'$. Si une clique n'est pas maximale, l'*inégalité valide* induite par cette *clique* est dominée par toute inégalité issue d'une *clique* la contenant. On dit qu'une inégalité induite par la *clique* C' *domine* celle induite par la clique C, si tous les points satisfaits par l'inégalité de la *clique*

C' sont également satisfaits par l'inégalité de la *clique C*, mais pas l'inverse. Dans les logiciels commerciaux, le problème consistant à trouver des *coupes de cliques*, à partir des *contraintes binaires*, est en général résolu par des heuristiques.

De même, on appelle *cycle impair* de cardinalité $2k+1$, un ensemble ordonné de sommets $C_2 = \{i_1, i_2, ..., i_{2k+1}\}$ tel qu'il existe une *contrainte binaire* entre les variables associées de deux éléments consécutifs, à savoir x_{i_j} et $x_{i_{j+1}}$ et une *contrainte binaire* entre x_{i_1} et $x_{i_{2k+1}}$. Ainsi, pour tout *cycle impair*, l'inégalité

$$\sum_{i \in C_2} x_i \leq k$$

est valide. On la désigne par *inégalité de cycle impair*.

On dit qu'un *cycle impair* est sans corde, si pour tout x_i, $i \in C_2$ et x_j, $j \in C_2$ non consécutifs, il n'existe pas de *contraintes binaires*. Les contraintes de *cycles impairs* sans corde dominent celles correspondant aux *cycles impairs* avec cordes.

b) Les Structures de *sac à dos*: les *inégalités* de *cover*

Le problème du *sac à dos* est également un problème linéaire $0/1$ qui consiste à optimiser une fonction de coût linéaire à coefficients positifs avec une seule contrainte linéaire à coefficients positifs:

$$\begin{cases} Max \ c^T x \\ s.t. \\ a^T x \leq b, \\ x \in \{0,1\}^n. \end{cases}$$

où $c \in \mathbb{Z}_+^n$, $a \in \mathbb{Z}_+^n$, $b \in \mathbb{Z}_+$.

Posons $C_3 \subset \{1, 2, ..., n\}$. On dit que C_3 est un ensemble dépendant si $\sum_{i \in C_3} a_i > b$. Si C_3 est un ensemble dépendant, l'inégalité

$$\sum_{i \in C_3} x_i \leq |C_3| - 1$$

est valide (Wolsey, 1975), (Balas et Zemel, 1978). Une telle inégalité est appelée *inégalité de cover*.

On dit que C_3 est un ensemble dépendant minimal si $\forall j \in C_3$, $C_3 \setminus \{j\}$ est un ensemble indépendant (ie: $\sum_{i \in C_3 \setminus \{j\}} a_i \leq b$).

Si C_3 est un ensemble dépendant minimal l'inégalité dite de *cover étendue*

$$\sum_{i \in E(C_3)} x_i \leq |C_3| - 1$$

est valide. Où $E(C_3) = C_3 \cup \{i \in \{1, 2, ..., n\} : a_i \geq a_j \ \forall \ j \in C_3\}$.

Il faut noter que la première implémentation d'une heuristique de séparation des inégalités de *cover* remonte aux travaux de Crowder, Johnson et Padberg (1983). Avec cet algorithme, on résout un sac à dos continu pour essayer de trouver un ensemble dépendant induisant une couverture (*cover*) séparant l'optimum continu courant. Cet algorithme de séparation est utilisé dans le cadre des problèmes comportant plusieurs contraintes, en essayant de séparer chaque cover pour chaque contrainte du problème. Van Roy et Wolsey (1987) utilisent une heuristique pour séparer des *covers étendues*. Gabrel et Minoux (2002) ont proposé un algorithme exact de séparation des *cover* minimales étendues les plus violées pour le critère du ratio, puis lifting pour les problèmes de sac à doc. Cet algorithme résout plusieurs problèmes de sac à dos 0/1 de dimensions réduites pour séparer la *cover minimale étendue*. On peut ensuite effectuer $n - |E(C_3)|$ opérations de *lifting* pour renforcer cette inégalité.

Gu, Nemhauser et Savelsbergh (1998) ont exploré l'utilisation des inégalités de *cover* dans un algorithme de *Branch and Cut*. Une des originalités de leur approche est d'effectuer le *lifting* éventuellement sur des variables appartenant à l'ensemble dépendant qui définit la couverture (*cover*).

Notons que dans la littérature, on retrouve également d'autres *inégalités valides* pour le problème du sac à dos. On peut ainsi citer les *(1-k) configurations* introduites par Padberg (1980).

On vient de présenter quelques exemples d'*inégalités valides* qu'on retrouve dans les solveurs. Il s'agit d'*inégalités valides* qui sont liées à la structure du problème étudié.

1.4.3   *Inégalités valides* pour des problèmes mixtes 0-1 généraux

Contrairement à ce qui vient d'être vu dans le paragraphe suivant, les *inégalites valides* de cette partie ne sont pas liées à des structures particulières, elles s'appliquent à tout programme linéaire MIP_{0-1}.

a) Les *coupes de Gomory* "tout entier"

Ces *coupes* ont été introduites dans les années 60 par Gomory (1960, 1963). Soit $\bar{x}$, la solution optimale du problème relaxé $min\{c^T x : Ax \leq b, \ x \geq 0\}$. Posons $B \subseteq \{1, 2, ..., n\}$ étant une base de A. On a:
$\bar{x}_B = A_B^{-1}b - A_B^{-1}A_N x_N$ et $\bar{x}_N = 0$ où $N = \{1, 2, ..., n\} \setminus B$.
Si $\bar{x}$ est entier, le problème est résolu;
sinon, on a au moins un des éléments de $\bar{x}_B$ qui est fractionnaire. Posons $i \in B$ étant l'indice tel que $\bar{x}_i \notin \mathbb{Z}$. Du fait que toute solution entière réalisable $(x \in X)$ vérifie $\bar{x}_B = A_B^{-1}b - A_B^{-1}A_N x_N$, alors

$$A_{i.}^{-1}b - \sum_{j \in N} A_{i.}^{-1}A_{.j}x_j \in \mathbb{Z} \tag{1.2}$$

Où $A_{i.}$ et $A_{.j}$ désignent la i^{eme} ligne et la j^{eme} colonne de la matrice A, respectivement.

Cette somme reste entière, en lui additionnant des termes entiers. On obtient alors:

$$f(A_{i.}^{-1}b) - \sum_{j \in N} f(A_{i.}^{-1}A_{.j})x_j \in \mathbb{Z} \qquad (1.3)$$

Où $f(\alpha) = \alpha - \lfloor \alpha \rfloor$, $\alpha \in \mathbb{R}$. Du fait que $0 \leq f(.) < 1$ et $x \geq 0$. Ainsi, on peut déduire que:

$$\sum_{j \in N} f(A_{i.}^{-1}A_{.j})x_j \geq f(A_{i.}^{-1}b) \qquad (1.4)$$

est valide. En plus, elle est violée par la solution optimale fractionnaire. En effet, $\bar{x}_N = 0$ et $f(A_{i.}^{-1}b) = f(\bar{x}_i) > 0$. En tenant compte de (1.4), on obtient:

$$x_i + \sum_{j \in N} \lfloor A_{i.}^{-1}A_{.j} \rfloor x_j \leq \lfloor A_{i.}^{-1}b \rfloor \qquad (1.5)$$

.

Par ailleurs, Eisenbrand (1999) a prouvé que le problème de la séparation des *inégalités de Gomory* "tout entier" est *NP-difficile*. En plus, ces inégalités ne s'appliquent pas aux programmes linéaires à variables mixtes. D'où l'intérêt des *coupes mixtes de Gomory*.

b) Les *coupes mixtes de Gomory* (1960)

Considérons la situation en (1.2), où $x_i \in \mathbb{Z}$, $i \in B$. On utilise les notations suivantes: $\bar{a}_j = A_{i.}^{-1}A_{.j}$, $\bar{b} = A_{i.}^{-1}b$, $f_j = f(\bar{a}_j)$, $f_0 = f(\bar{b})$, $N^+ = \{j \in N : \bar{a}_j \geq 0\}$ et $N^- = N \setminus N^+$. On peut re-écrire (1.5) comme suit:

$$\sum_{j \in N} \bar{a}_j x_j = f_0 + k \ (k \in \mathbb{Z})$$

On peut ainsi distinguer deux cas, à savoir

$$\sum_{j \in N^+} \bar{a}_j x_j \geq 0$$

et

$$\sum_{j \in N^-} \bar{a}_j x_j \leq 0$$

Du 1er cas découle l'inégalité suivante:

$$\sum_{j\in N^+} \bar{a}_j x_j \geq f_0$$

et du second dérive:

$$\sum_{j\in N^-} \bar{a}_j x_j \leq f_0 - 1$$

En procédant à une combinaison disjonctive des deux inégalités ci-dessus, on obtient l'inégalité valide suivante:

$$\sum_{j\in N^+} \bar{a}_j x_j - \frac{f_0}{1-f_0} \sum_{j\in N^-} \bar{a}_j x_j \geq f_0 \qquad (1.6)$$

L'inégalité (1.6) peut être renforcée en considérant les parties fractionnaires des coefficients des variables entières et en éliminant les termes négatifs. Ainsi, on a l'inégalité suivante:

$$\sum_{j\in J: f_j \leq f_0} f_j x_j + \sum_{j\in J: f_j \geq f_0} \frac{f_0(1-f_j)}{1-f_0} x_j + \sum_{j\in N^+\setminus J} \bar{a}_j x_j - \sum_{j\in N^-\setminus J} \frac{f_0}{1-f_0} \bar{a}_j x_j \geq f_0$$

Avec $f_j = f(\bar{a}_j)$. L'inégalité ci-dessus est appelée *coupe mixte de Gomory*. Gomory (1960) a montré qu'un algorithme procédant par ajout itératif de ces inégalités peut être mis en oeuvre de façon à résoudre $min\{c^T x : x \in X\}$ où $X = \{x \in \mathbb{Z}_+^P \times \mathbb{R}_+^{n-P} : Ax = b\}$ en un nombre fini d'itérations.

c) Les coupes MIR

Ces inégalités ont été proposées dans (Nemhauser et Wolsey, 1988). Elles sont déduites d'*inégalités valides* pour des ensembles de solutions de la forme:

$$Y = \{(x,y) \in \mathbb{Z}_+^n \times \mathbb{R}_+^p : Ax + By \leq b\}$$

Avec $A \in \mathbb{R}^{m\times n}$, $B \in \mathbb{R}^{m\times p}, b \in \mathbb{R}^m$.

Pour être plus précis, considérons deux *inégalités valides* pour Y:

$$\pi^1 x + \mu^1 y \leq \pi_0^1;$$
$$\pi^2 x + \mu^2 y \leq \pi_0^2.$$

Un exemple de *coupe MIR* [3] dérivant des *inégalités valides* ci-dessus est:

$$\sum_{j=1}^n \lfloor \pi_j^2 - \pi_j^1 \rfloor x_j + \frac{1}{1-f_0}(\sum_{j=1}^n \pi_j^1 x_j + \sum_{j=1}^p min(\mu_j^1, \mu_j^2)y_j - \pi_0^1) \leq \lfloor \pi_0^2 - \pi_0^1 \rfloor,$$

où $f_0 = \pi_0^2 - \pi_0^1 - \lfloor \pi_0^2 - \pi_0^1 \rfloor$.

---

[3]Dans la terminologie anglo-saxonne MIR veut dire Mixed Integer Rounding.

d) Les coupes disjonctives simples

Un problème d'optimisation est dit programme disjonctif si l'ensemble de ses solutions consiste en une union finie de polyèdres. Pour un problème MIP_{0-1} tel que (P) défini dans la partie 1.4.1, il existe $|J|$ façons de le relaxer par disjonction simple. Ceci revient à fixer l'une de ces variables binaires x_i, $(i = 1, ..., n)$ à 0 ou 1. Ces relaxations de (P) peuvent être utilisées pour générer des *inégalités valides* communément appelées *coupes disjonctives*. Cette approche a été introduite par Balas (1979), et plus récemment dans (Balas et al., 1993) sous le nom de *coupes* de *lift and project*. Ainsi, le programme linéaire $(RD(i))$ suivant est une relaxation disjonctive de (P):

$$\begin{cases} Min \ c^T x \\ s.t. \\ Ax \le b, \\ (x_i = 0) \vee (x_i = 1), \\ x_j \in [0,1] \ \forall \ j \in J \setminus \{i\}, \\ x_j \in \mathbb{R}_+ \ \forall \ j \in \bar{J}. \end{cases}$$

Il s'agit de la relaxation disjonctive simple relativement à la variable x_i. $RD(i)$ peut se re-écrire comme suit:

$$\begin{cases} Min \ c^T x \\ s.t. \\ A'x \le b', \\ (x_i = 0) \vee (x_i = 1), \\ x_j \in \mathbb{R}_+ \ \forall \ j \in N \setminus \{i\}. \end{cases}$$

Avec la matrice A' et le second membre b' étant respectivement A et b augmentés des contraintes $x_j \le 1 \ \forall \ j \in J \setminus \{i\}$.

On parle aussi de disjonction simple puisqu'on exprime ainsi l'intégrité de la variable x_i. Cette relaxation disjonctive simple a pour forme polyédrale (Balas, 1979):

$$\begin{cases} x - y^i - z^i = 0 \\ y_0^i + z_0^i = 1 \\ A'y^i - b'y_0^i \le 0, \quad \forall \ i \in \{1, ..., n.\} \\ y_i^i - y_0^i = 0, \\ A'z^i - b'z_0^i \le 0, \\ z_i^i = 0 \end{cases}$$

Le problème de séparation sur des disjonctions simples associé au programme linéaire ci-dessus est:

$$\begin{cases} Max \ \alpha^T x^* - \beta \\ s.t. \\ \alpha = uA' - e_i u_0, \\ \alpha = uA' - e_i v_0, \\ \beta = ub' - u_0, \\ \beta = vb', \\ \sum_i u_i + u_0 + \sum_i v_i + v_0 = 1, \\ u \geq 0, \ v \geq 0, \ u_0, \ v_0 \geq 0. \end{cases}$$

La dernière contrainte autre que les *contraintes de positivité* est une condition de normalisation. Les *coupes* obtenues en résolvant le programme linéaire ci-dessus sont appelées *coupes de lift and project*.

Il existe d'autres techniques de générations d'*inégalités valides*. On peut citer la stratégie de séparation sur des disjonctions multiples qui exprime simultanément l'intégrité de plus d'une variable x_i, $(i \in J)$. Cette approche a été particulièrement étudiée dans (Perregaard et Balas, 2001), (Ouzia, 2002). Toujours, pour ce qui concerne la programmation disjonctive, mentionnons également l'approche étudiée dans (Bonami et Minoux, 2005) qui consiste à séparer par rapport à x^* la fermeture élémentaire des *coupes de lift and project* qui est le polyèdre constitué par l'intersection de tous les polyèdres issus des disjonctions simples (Cornuéjols et Li, 2001).

Il faut également noter qu'il existe d'autres techniques de renforcement de programmes 0-1 mixtes procédant autrement qu'en générant des *inégalités valides*. En exemple, on peut citer la technique due Sherali et Adams (1990) dite de *reformulation-linéarisation*. Contrairement, à celles déja évoquées, la technique de *reformulation-linéarisation* ne fournit pas explicitement une *coupe*. En effet, elle consiste, dans un premier temps, à multiplier chaque inégalité linéaire de (P) par x_i et $(1-x_i)$, avec $i \in J$. A l'issue de telles transformations, on a à faire à un modèle non linéaire. Ensuite, on va procéder à une linéarisation du modèle non linéaire. Cela correspond au remplacement des termes de second degré $x_i x_j$ par des nouvelles variables y_{ij}. Notons, d'autre part, que les relations entre la description du polyèdre de Sherali-Adams et la fermeture élémentaire des *coupes de lift and project* ont été également étudiées dans (Bonami et Minoux (2005)), puis généralisées par Minoux et Ouzia (2010).

1.5 *Lifting* d'une *inégalité valide*

Dans la section précédente, on a parlé d'*inégalités valides* pour le polyèdre engendré par le système d'inégalités linéaires de (P) en entier. On note ce polyèdre X. Ici, on s'intéresse au cas où, dans un premier temps, on dispose d'une *inégalité valide* seulement pour une restriction de X. Comment transformer une telle inégalité, afin qu'elle soit valide pour le polyèdre X tout entier? Ce procédé est connu sous le nom de *lifting*.

De façon plus formelle, ce problème consiste à la recherche d'une *inégalité valide* du type:

$$\sum_{j \in N'} \alpha_j x_j + \sum_{j \in N \setminus N'} \alpha_j x_j \leq \beta \qquad (1.7)$$

sachant que, pour une restriction $N' \subset N$, on dispose d'une *inégalité valide* qui s'écrit:

$$\sum_{j \in N'} \alpha_j x_j \leq \beta \qquad (1.8)$$

N représentant l'ensemble des indices des variables du problème.

Une technique classique de calculs des coefficients α_j, $j \in N \setminus N'$ a été suggérée par Padberg (1973, 1975) pour le problème de l'ensemble des *stables*, puis de façon plus générale pour tout programme linéaire 0/1 dont les coefficients de la matrice des contraintes linéaires sont positifs ou nuls. La même procédure, pour des cas différents, a été étudiée par Nemhauser et Trotter (1974), Wolsey (1975), Zemel (1978) et Balas et Zemel (1978). Dans ces différentes contributions l'idée de base consiste à calculer un par un les coefficients α_j, $j \in N \setminus N'$. Cette technique est désignée sous le nom de *lifting séquentiel*. Crowder et al (1983), Van Roy et Wolsey (1987), Gu et al (1998) ont mis en oeuvre cette méthode dans des algorithmes de plans coupants.

Nous rappelons ci-dessous la technique de *lifting séquentiel*. Supposons que l'on ait une inégalité $\alpha^T x \leq \beta$ valide pour $X \cap Y$ (où Y est une sous variété affine), telle que la solution continue $\bar{x}$ que l'on cherche à séparer appartienne à Y. En particulier, par exemple, si X est l'ensemble des solutions d'un problème linéaire à variables bivalentes, Y peut être la restriction où l'on fixe certaines variables à leurs bornes. Ainsi, Y peut être défini par des égalités de type $x_i = 0$ ou $x_i = 1$.

Soit donc $I = \{i : (\bar{x}_i = 0) \vee (\bar{x}_i = 1)\}$, (où $\bar{x}$ est la solution optimale fractionnaire du problème). On définit alors $Y = \{x : x_i = \bar{x}_i, \ i \in I\}$.

Supposons que $\bar{x}_i = 0$. On peut trouver une *inégalité valide* pour la variété affine $X' = X \cap \{x : x_j = \bar{x}_j, \ j \in I \setminus \{i\}\}$ de dimension supérieure en résolvant:

$$\begin{cases} max \ \alpha_i \\ \alpha^T x \leq \beta \quad \forall x \in X \cap \{x : x_i = 0\} \\ \alpha^T x + \alpha_i \leq \beta \quad \forall x \in X \cap \{x : x_i = 1\} \end{cases} \qquad (1.9)$$

$\alpha^T x$ et β ne dépendant pas de α_i, le α_i maximal est déterminé par:

$$\begin{cases} max \ \alpha^T x \\ x \in X \cap \{x : x_i = 1\} \end{cases} \qquad (1.10)$$

Etant donné $\bar{x}'$, la solution optimale de (1.9), le α_i maximal est donné par $\bar{\alpha}_i = \beta - \alpha^T \bar{x}'$. En général, la résolution du problème (1.10), qui correspond au calcul du coefficient α_i, est difficile. Padberg (1975), Balas et Zemel (1978), Marchand et al. (2002) ont proposé des méthodes efficaces de calculs des coefficients α_j pour le problème du *sac à dos*. Le plus souvent, dans le cas des problèmes structurés, pour contourner les difficultés liées à la résolution du problème (1.10), on exploite la structure du problème. Dans Nguyen (2000), on retrouve, sous certaines conditions, une méthode efficace de résolution du problème (1.10) associé au polyèdre des cycles.

On dit que l'inégalité $\alpha^T x + \alpha_i x_i \leq \beta$ valide pour X' a été obtenue à partir de l'inégalité $\alpha^T x \leq \beta$ par *lifting* relativement à la variable x_i. Suivant la variable x_i par rapport à laquelle on effectue cette opération de *lifting*, on résout un problème de la forme (1.10) différent. Lorsque le *lifting* est effectué par rapport à plusieurs variables successivement, le résultat dépend à priori de l'ordre des variables dans la séquence. Une *séquence de lifting* étant l'ordre dans lequel les variables x_j, $j \in N \setminus N'$ ont été "liftées". Ceci a pour conséquence, le fait que l'*inégalité valide liftée* résultante dépend de la *séquence de lifting* considérée. Ainsi, deux *séquences de lifting* différentes ne fournissent pas nécessairement les mêmes valeurs α_j, $j \in N \setminus N'$. Notons aussi que le nombre de séquences possibles est exponentiel. Il est de l'ordre de $(N \setminus N')!$

Face à cette problématique, (Wolsey 1977)(Gu, Nemhauser, Savelsberg 2000) ont prouvé que sous certaines conditions, on peut obtenir les valeurs α_j, $j \in N \setminus N'$ ne dépendant pas de la *séquence de lifting*. Ils ont introduit les notions de *superadditivité* et de *séquence de lifting* indépendante.

Définition 1.10. Soit $\{1, 2, ..., k\}$ une *séquence de lifting*. On appelle *fonction de lifting*, la fonction définie par:

$$\Phi_i = min : \{\beta - \alpha^T x : x \in X \cap \{x : x_1 = \bar{x}_1, x_2 = \bar{x}_2, ..., x_{i-1} = \bar{x}_{i-1}\}\}$$

Où $(i \leq k)$. On va introduire quelques propriétés importantes de la *fonction de lifting* Φ_i.

Propriété 1.1. Considérons la *séquence de lifting* $(1, 2, ..., k)$. Les *fonctions de lifting*, Φ_i, $i = 1, 2, ..., k$ sont croissantes en escalier pour tout z,

$$\Phi_1(z) \geq \Phi_2(z) \geq ... \geq \Phi_k(z) \geq 0.$$

Preuve

- Pour $i = 1, 2, ..., k$, on a $\Phi_i \geq 0$. Ceci est une conséquence immédiate de la validité de $\alpha^T x \leq \beta$.

- Par définition de Φ_i, $i = 1, 2, ..., k$, on a Φ_{i+1} est un problème relaxé de Φ_i. En effet,

$X \cap \{x : x_1 = \bar{x}_1, x_2 = \bar{x}_2, ..., x_{i-1} = \bar{x}_{i-1}\} \subset X \cap \{x : x_1 = \bar{x}_1, x_2 =$

$\bar{x}_2, \dots, x_i = \bar{x}_i\}$. D'où $\Phi_1(z) \geq \Phi_2(z) \geq \dots \geq \Phi_k(z) \geq 0$. $\qquad\qquad$ □

Considérons l'ensemble X défini de la façon suivante:

$$X = \{x : \sum_{j \in N} a_j x_j \leq b, \ x_j \in \{0,1\}\}$$

Où $N = \{1, 2, \dots, n\}$.
La *fonction de lifting* correspondante s'écrit:

$$\Phi_i(z) = min\{\alpha^T x : \sum_{j=1}^{i-1} a_j x_j \leq b - z, \ x_j \in \{0,1\}\} \qquad (1.11)$$

Propriété 1.2. Si x^{opt} est solution optimale de (1.11) et $u_l^* = \sum_{l<i} a_j x_j^{opt}$, alors $\Phi_i(z) \geq \Phi_l(z + u_l^*) - \Phi(u_l^*)$ pour $l = 1, 2, \dots, i-1$.

Preuve
Montrons que $\Phi_l(u_l^*) \geq \sum_{l<i} \alpha_j x_j^{opt}$:

$$0 \leq \Phi_i(0) \leq min\{\beta - \sum_{j<l} \alpha_j x_j - \sum_{l \leq j < i} \alpha_j x_j^{opt} : \sum_{j<l} a_j x_j \leq b - u_l^*\}\}$$

$$= \Phi_l(u_l^*) - \sum_{l \leq j < i} \alpha_j x_j^{opt}.$$

A présent montrons la propriété:

$$\Phi_i(z) = \beta - \sum_{j<l} \alpha_j x_j^{opt} - \sum_{l \leq j < i} \alpha_j x_j^{opt}$$

$$\geq min\{\beta - \sum_{j<l} \alpha_j x_j - \sum_{l \leq j < i} \alpha_j x_j^{opt} : \sum_{j<l} a_j x_j \leq b - z - u_l^*\}$$

$$= \Phi_l(z + u_l^*) - \sum_{l \leq j < i} \alpha_j x_j^{opt}$$

$$\geq \Phi_l(z + u_l^*) - \Phi_l(u_l^*). \qquad\qquad □$$

Définition 1.11. On dit qu'une fonction $F : \mathbb{R}_+ \to \mathbb{R}_+$ est *superadditive*, si $F(d_1) + F(d_2) \leq F(d_1 + d_2)$, $\forall \ d_1, \ d_2, \ d_1 + d_2 \in \mathbb{R}_+$.

Définition 1.12. Soit $\{1, 2, \dots, k\}$ une *séquence de lifting*. Soit Φ_i, $i = 1, 2, \dots, k$, les *fonctions de lifting* correspondantes. Posons $\Phi(z) = \Phi_1(z) \ \forall z$. On dit qu'une telle *séquence de lifting* est indépendante, si $\Phi(z) = \Phi_i(z) \ \forall z$ et $i = 2, 3, \dots, k$.

Théorème 1.1. (Wolsey, 1977)(Gu et al., 2000)
Si la *fonction de lifting f* est *superadditive* sur $\mathbb{R}_+$, alors la *séquence de lifting* est indépendante.

Preuve

Soit $z \in \mathbb{R}_+$ et x^{opt}, la solution optimale de (1.11) et $u' = \sum_{j<i} a_j x_j^{opt}$. D'après la propriété 1.2,

$$\Phi_i(z) \geq \Phi_{i-1}(z + u') - \Phi_{i-1}(u')$$

Par superadditivité, on peut écrire:

$$\Phi_{i-1}(z + u') \geq \Phi_{i-1}(z) + \Phi_{i-1}(u')$$

On déduit que

$$\Phi_i(z) \geq \Phi_{i-1}(z)$$

La propriété 1.1 dit que:

$$\Phi_i(z) \leq \Phi_{i-1}(z)$$

Par conséquent, on déduit:

$\Phi_i(z) = \Phi_{i-1}(z)$. $\qquad\qquad\qquad\qquad\qquad\qquad\qquad\qquad$ □

Une *fonction de lifting superadditive* permet de considérablement réduire le temps et les difficultés de calculs dans un processus de *lifting séquentiel*. Au lieu de résoudre les problèmes Φ_i, $\forall i$, on considère seulement $\Phi = \Phi_1$. En général la *fonction de lifting* n'est pas *superadditive*. En pratique, le plus souvent, on l'approche par une fonction *superadditive* Φ' telle que: $\forall z$, $\Phi'(z) \leq \Phi(z)$.

Remarquons que la mise en oeuvre d'une *séquence de lifting* indépendante permet de calculer les α_j, $j \in N \backslash N'$ simultanément. On parle alors de *lifting simultané*. En effet, Considérant $X = \{x : \sum_{j \in N} a_j x_j \leq b, \ x_j \in \{0,1\}\}$ et Φ la *fonction de lifting*, on calcule tous les α_j, $j \in N \backslash N'$, à partir d'une expression explicite: $\alpha_j = \Phi(a_j)$.

Balas (1975) a établi une formule explicite qui calcule les coefficients α_j, $j \in N \backslash N'$ d'une *inégalité de cover* pour le problème de *sac à dos*. Les valeurs de ces coefficients ne dépendent pas de la *séquence de lifting* considérée.

Par une approche différente, Zemel (1978) propose une procédure déterminant les coefficients α_j simultanément pour les problèmes généraux 0-1. On va décrire sa procédure dans les lignes suivantes. Soit X l'ensemble des solutions d'un problème linéaire 0-1. Soit N l'ensemble des indices du problème. Comme dans le cas séquentiel, supposons que l'on dispose d'une *inégalité valide* $\alpha^T x \leq \beta$ pour $X \cap Y$ (où Y est une sous variété affine), telle que la solution optimale continue $\bar{x}$ que l'on cherche à séparer appartienne à Y. Soit $I = \{i : (\bar{x}_i = 0) \vee (\bar{x}_i = 1)\}$. On définit Y de la façon suivante:

$$Y = \{x : x_i = \bar{x}_i, \ i \in I\}$$

Pour tout $M \subset \{i : \bar{x}_i = 0, \ i \in I\}$, posons:

$$Y_M = \{x \in X : x_j = 1, \ j \in M, \ x_i = \bar{x}_i, \ i \in I \setminus M\}$$

On associe alors à chaque $M \in \mathcal{M}$, le problème suivant:

$$\left\{ \begin{array}{l} Z_M = max : \ \alpha^T x \\ x \in X \cap \{x : x_i = 1, \forall \ i \in M\} \end{array} \right. \qquad (1.12)$$

Le calcul des coefficients α_i, $i \in M$ correspond à déterminer les points extrêmes du polyèdre associé au système suivant:

$$\sum_{i \in M} \alpha_i \leq \beta - Z_M \quad \forall \ M \qquad (1.13)$$

Théorème 1.2. (Zemel, 1978)

Posons $I \subset N$ et $\sum_{i \in I} \alpha_i x_i \leq \beta$ une *inégalité valide* pour $X \cap Y$ (Y est une restriction de X). Si α est solution du système (1.13), alors $\sum_{i \in N} \alpha_i x_i \leq \beta$ est valide pour X.

Preuve

Considérons $M \subset \{i : \bar{x}_i = 0, \ i \in I\}$.

$$\sum_{i \in N} \alpha_i x_i = \sum_{j \in I \setminus M} \alpha_i x_i + \sum_{i \in M} \alpha_i x_i$$

Or, d'après le programme (1.12), $\sum_{i \in I \setminus M} \alpha_i x_i \leq Z_M$, donc:

$$\sum_{i \in N} \alpha_i x_i \leq Z_M + \sum_{i \in M} \alpha_i \leq \beta$$

Car d'après (1.13) $\sum_{i \in M} \alpha_i \leq \beta - Z_M$. $\qquad\qquad \square$

Ce résultat montre que si α est solution du système d'inégalités (1.13), alors on peut écrire une *inégalité valide* pour X, sachant qu'on dispose d'une *inégalité valide* $\alpha^T x \leq \beta$ pour Y une restriction de X. Cette technique a l'avantage non seulement de retrouver les inégalités obtenues par *lifting séquentiel*, mais également d'en obtenir de nouvelles familles. En revanche, comme la résolution du problème (1.10), la résolution de (1.12) est difficile. En pratique, on considère le programme linéaire ayant pour ensemble de solutions réalisables le système (1.13) et pour fonction économique $max : \sum_i \alpha_i$. Notons qu'un tel programme linéaire peut contenir un nombre exponentiel de contraintes (de l'ordre de $2^{|I_0|}$, $I_0 = \{i : \bar{x}_i = 0, i \in I\}$).
Pour des problèmes fortement structurés tels que le problème du voyageur de

commerce asymétrique, Balas et Fischetti (1993) ont proposé une procédure de *lifting simultané* de *facettes* (telles que les *inégalités d'élimination des sous tours*) pour le polytope des circuits hamiltoniens. Leur opération de *lifting* consiste à remplacer des sommets d'un sous graphe complet $G = (V, E)$ par des cliques dans un graphe complet de taille supérieure $G' = (V', E')$. Connaissant une *facette* pour le polyèdre associé à $G = (V, E)$, ils ont montré qu'on peut facilement construire une *facette* pour le polyèdre associé à $G' = (V', E')$, en calculant les α_j correspondant aux arcs incidents aux sommets $V' \backslash V$ par une expression explicite.

Dans le présent travail, considérant un graphe $G = (V, E)$, on génère des *inégalités valides* pour le polytope du plus court chemin associé à un sous graphe de G, puis on essaie de rendre valides de telles inégalités pour le polytope associé au graphe initial G. La technique de *lifting* que nous proposerons dans le chapitre 5 est une mise en oeuvre particulière de l'idée de *lifting simultané* (Ibrahim et al. (2015)). En effet, tout comme la technique de Zemel (1978) pour les problèmes généraux 0-1 et celle de Balas et Fischetti (1993) pour le problème de voyageur de commerce asymétrique, elle calcule simultanément les coefficients α_j, $j \in N \setminus N'$, mais comme nous le verrons, elle sera spécialisée de façon originale au problème du plus court chemin. En particulier, on montrera qu'une telle technique évite des calculs complexes pour déterminer la valeur des α_j $j \in N \setminus N'$ (ils auront tous la valeur - 1).

1.6 Conclusion

Dans ce chapitre, nous avons rappelé quelques notions de base relatives au problème du plus court chemin et de la programmation linéaire à variables entières et mixtes. La programmation linéaire offre en effet une grande souplesse de modélisation de problèmes combinatoires et les techniques de résolution de la programmation linéaire à variables entières et mixtes qui ont été évoquées seront abondamment utilisées dans la suite de notre travail. Il s'agit principalement des techniques de génération d'*inégalités valides* destinées à renforcer la relaxation linéaire du programme correspondant. En fin de chapitre, on a également rappelé les idées de base de la technique de *lifting* d'*inégalités valides* qui sera utilisée dans le cinquième chapitre pour rendre valides des *inégalités valides* générées sur des sous graphes pour le problème du plus court chemin entre deux sommets donnés.

Chapter 2

Formulations linéaires de pcc_1

2.1 Introduction

Comme nous l'avons vu dans le chapitre précédent, les algorithmes polyno-miaux, dont on dispose pour résoudre pcc_1 [1], ne s'appliquent pas lorsqu'il existe des circuits de longueur négative. Par exemple, il suffit juste que le graphe dispose d'au moins un *circuit absorbant* [2] pour que tous ces algo-rithmes ne puissent déterminer le *chemin élémentaire* optimal. Pour sur-monter cette difficulté, nous allons étudier des formulations en programma-tion linéaire entière et mixte de pcc_1. Deux formulations sont proposées et comparées. Ces deux formulations sont générales en ce sens qu'elles s'appliquent à des instances de graphes quelconques avec des coûts des arcs positifs ou négatifs.

D'autre part, nous savons que, du point de vue complexité algorithmique, la résolution de programmes linéaires à variables entières ou mixtes est *NP-difficile* (Garey et Johnson, 1979), (Nemhauser et Wolsey, 1988). On s'intéressera donc aux relaxations linéaires des deux formulations. Puis, nous comparerons expérimentalement les relaxations linéaires des deux formula-tions, en terme de renforcement. Les expérimentations sont effectuées sur des graphes générés aléatoirement. Comme nous le verrons la supériorité de la formulation dite "compacte" se dégage clairement de ces résultats (Ibrahim et al. (2009)).

2.2 Une première formulation: Formulation Non Compacte (*FNC*)

Le problème, qu'on veut résoudre, consiste à chercher le plus court chemin élémentaire entre s et t dans le graphe connexe et orienté $G = (V, E)$. Pour la

---

[1] pcc_1 désigne le problème du plus court chemin entre deux sommets
[2] un circuit absorbant est est un circuit de longueur négative

formulation, on va associer à chaque arc $(i,j) \in E$, une variable $y_{ij} \in \{0,1\}$ et un coût w_{ij}. Du fait qu'on est à la recherche d'un plus court chemin entre s et t, et connaissant le coût attribué à chaque arc, la fonction objectif du programme linéaire pour la résolution du problème du plus court chemin s'écrit:

$$min(\sum_{(i,j)\in E} w_{ij}y_{ij})$$

Ainsi, le programme linéaire à variables entières suivant désigné par *FNC* est une formulation de pcc_1:

$$min(\sum_{(i,j)\in E} w_{ij}y_{ij})$$

$$\sum_{j\in\Gamma^+(s)} y_{sj} - \sum_{j\in\Gamma^-(s)} y_{js} = 1 \qquad (2.1)$$

$$\sum_{j\in\Gamma^+(i)} y_{ij} - \sum_{j\in\Gamma^-(i)} y_{ji} = 0, \ i \in V \setminus \{s,t\} \qquad (2.2)$$

$$\sum_{j\in\Gamma^+(t)} y_{tj} - \sum_{j\in\Gamma^-(t)} y_{jt} = -1 \qquad (2.3)$$

$$\sum_{i,j\in S} y_{ij} \leq |S| - 1, \ S \subset V, \ 2 \leq |S| \leq |V| \qquad (2.4)$$

$$y_{ij} \in \{0,1\}, \ (i,j) \in E \qquad (2.5)$$

Interprétation

Les contraintes (2.1), (2.2) et (2.3) sont appelées *contraintes de degré* dans la terminologie des formulations de problème de voyageur de commerce asymétrique (*pvca*). En particulier, (2.1) et (2.3) interprètent le fait que le demi-degré extérieur du sommet s et intérieur de t valent respectivement 1. Quant à (2.2), elle dit que le demi-degré extérieur et intérieur de tout sommet $i \in V \setminus \{s,t\}$ sont égaux. La contrainte (2.4), contrairement aux précédentes, élimine tous les circuits qui se trouvent dans le graphe. On va les désigner par les *contraintes d'élimination des circuits* par analogie avec les *contraintes d'élimination des sous tours* qu'on trouve généralement dans les formulations du problème de voyageur de commerce (*pvca*) (Balas, 1989) et (Balas et Fischetti, 1993).

D'autre part, il faut noter que les contraintes de type (2.4) rendent ce modèle non compacte. En effet, le nombre de contraintes est de l'ordre de 2^n, avec $|V| = n$.

On a résolu cette première formulation sur des graphes orientés non complets d'ordre maximum 25 (cf. section 2.6). Pour cela, on a généré toutes les *contraintes d'élimination des circuits*. Ceci nous a permis d'obtenir les résultats de la section 2.6. A travers ces résultats, il ressort expérimentalement que la relaxation linéaire de la formulation *FNC* est significativement plus faible comparativement à celle d'une deuxième dite "compacte" qu'on va présenter dans la section suivante. Dans ces conditions, au lieu de s'intéresser à une résolution plus affinée de la formulation *FNC*, on va poursuivre l'étude de résolution du problème du plus court chemin entre deux sommets dans les graphes avec des circuits absorbants, en utilisant la deuxième formulation ci-dessous (la formulation compacte).

2.3 Une deuxième formulation: Formulation Compacte (FC)

Comme précédemment, on considère un graphe $G(V, E)$ connexe et orienté. s, t étant deux sommets donnés de G.
Soient $x_i \in \{0, 1\}$, $i \in V$, la variable associée au sommet i;
$y_{ij} \in \{0, 1\}$, $(i, j) \in E$, la variable associée à l'arc (i, j) et
$z_{ij}^k \geq 0$, $k \in V \setminus \{s\}$, $(i, j) \in E$, la variable associée au flux destinée au sommet k et qui passe par l'arc (i, j).
Soit w_{ij} le coût associé à l'arc $(i, j) \in E$. La fonction objectif s'écrit:

$$min(\sum_{(i,j)\in E} w_{ij}y_{ij})$$

Le modèle linéaire de flots non simultanés à variables mixtes suivant désigné par FC est une formulation de pcc_1:

$$min(\sum_{(i,j)\in E} w_{ij}y_{ij})$$

$$\sum_{j\in\Gamma^+(s)} z_{sj}^k - \sum_{j\in\Gamma^-(s)} z_{js}^k = x_k, \; k \in V \setminus \{s\} \tag{2.6}$$

$$\sum_{j\in\Gamma^+(i)} z_{ij}^k - \sum_{j\in\Gamma^-(i)} z_{ji}^k = 0, \; k \in V - \{s\}, \; i \in V \setminus \{s, t\} \tag{2.7}$$

$$\sum_{j\in\Gamma^+(k)} z_{kj}^k - \sum_{j\in\Gamma^-(k)} z_{jk}^k = -x_k, \; k \in V \setminus \{s\} \tag{2.8}$$

$$z_{ij}^k \leq y_{ij}, \; (i, j) \in E \; et \; k \in V \setminus \{s\} \tag{2.9}$$

$$\sum_{j\in\Gamma^+(i)} y_{ij} = x_i, \; i \in V \setminus \{s, t\} \tag{2.10}$$

$$\sum_{j\in\Gamma^-(i)} y_{ji} = x_i, \; i\in V\setminus\{s,t\} \qquad (2.11)$$

$$\sum_{j\in\Gamma^+(s)} y_{sj} = 1 \qquad (2.12)$$

$$\sum_{j\in\Gamma^-(t)} y_{jt} = 1 \qquad (2.13)$$

$$z_{ij}^k \geq 0, \; k\in V - \{s\}, \; (i,j)\in E \qquad (2.14)$$

$$x_i \in \{0,1\}, \; y_{ij} \in \{0,1\} \; i\in V \; j\in E \qquad (2.15)$$

Interprêtation

Les contraintes (2.6), (2.7), (2.8) expriment la première loi de Kirchoff qui dit que la quantité de flot qui arrive à un noeud (sommet) est égale à celle qui le quitte. En particulier, (2.6) impose le fait que tout flux envoyé à partir de s, qui est destiné à un sommet k doit passer nécessairement par au moins l'un des arcs incidents extérieurement à s. (2.7) et (2.8) disent que la quantité de flux qui arrive à un sommet est égale à celle qui en ressort (Loi de Kirchoff).

La contrainte (2.9) quant à elle traduit le fait qu'un flux ne passe que sur un arc existant.

Les contraintes (2.10) et (2.11) traduisent le fait que tout sommet du sous graphe (chemin) différent de s et t a respectivement un demi degré intérieur et extérieur égal à 1.

Les contraintes (2.12) et (2.13) disent que les sommets s et t ont respectivement un demi degré extérieur et intérieur égal à 1.

En réalité, en plus des *contraintes d'intégrité* sur les variables x_i, $i\in V$, y_{ij}, $(i,j)\in E$ et les *contraintes de positivité* sur les variables z_{ij}^k, le modèle FC est composé de deux types de contraintes, à savoir celles qu'on a désignées par *contraintes de connexité* et celles qu'on a appelées *contraintes de degré*.

2.3.1   *Contraintes de connexité*

Il s'agit des contraintes (2.6), (2.7), (2.8) et (2.9) du modèle FC.

$$\sum_{j\in\Gamma^+(s)} z_{sj}^k - \sum_{j\in\Gamma^-(s)} z_{js}^k = x_k, \; k\in V\setminus\{s\}$$

$$\sum_{j\in\Gamma^+(i)} z_{ij}^k - \sum_{j\in\Gamma^-(i)} z_{ji}^k = 0, \; k\in V-\{s\}, \; i\in V\setminus\{s,t\}$$

$$\sum_{j\in\Gamma^+(k)} z_{kj}^k - \sum_{j\in\Gamma^-(k)} z_{jk}^k = -x_k, \; k\in V\setminus\{s\}$$

$$z_{ij}^k \leq y_{ij}, \; (i,j)\in E \; et \; k\in V-\{s\}$$

Si les équations et inéquations ci-dessus sont satisfaites, alors on obtient un sous graphe connexe.

2.3.2 Contraintes de demi-degré

Elles assignent au sous graphe connexe les propriétés d'un *chemin élémentaire* entre s et t. Elles sont représentées par (2.10), (2.11), (2.12) et (2.13).

$$\sum_{j \in \Gamma^+(i)} y_{ij} = x_i, \ i \in V \setminus \{s,t\}$$

$$\sum_{j \in \Gamma^-(i)} y_{ji} = x_i, \ i \in V \setminus \{s,t\}$$

$$\sum_{j \in \Gamma^+(s)} y_{sj} = 1$$

$$\sum_{j \in \Gamma^-(t)} y_{jt} = 1$$

Si, en plus des *contraintes de connexité*, celles-ci sont satisfaites alors, on obtient un sous graphe de G qui est un chemin élémentaire entre s et t. Cette deuxième formulation ainsi que des formulations analogues pour d'autres problèmes combinatoires ont été décrites dans (Maculan et al., 2003). Dans (Maculan, 1987), on retrouve une formulation du même style pour le problème de l'arbre de Steiner.

2.3.3 Nombre de contraintes de *FC*

Contrairement, à *FNC*, *FC* est un modèle à nombre de contraintes polynomial. C'est ce qui est mis en évidence dans le tableau ci-dessous.

types de contraintes	nombre
(2.6)	$n-1$
(2.7)	$(n-1)(n-2)$
(2.8)	$n-1$
(2.9)	$m(n-1)$
(2.10)	$n-2$
(2.11)	$n-2$
(2.12)	1
(2.13)	1
(2.14)	$m(n-1)$
total	$(n-1)(n+2m+2)$

Tableau 2.1: Nombre de contraintes de *FC*

On constate bien qu'il s'agit d'un modèle à nombre de contraintes de l'ordre de n^3.

On vient de présenter deux formulations linéaires de pcc_1. Comme on l'a indiqué dans l'introduction, leur résolution en nombres entiers reste une tâche difficile. Pour cela on va, dans un premier temps, s'intéresser à des problèmes relaxés dans l'espace continu de FNC et FC. Une première question qu'on s'est posée consiste à savoir laquelle est meilleure du point de vue relaxation linéaire? En d'autres termes laquelle fournit une meilleure borne ne serait ce que pour entamer une procédure de $Branch\ and\ Bound$. Ainsi, on va procéder à une première opération de relaxation qui consiste à relâcher les $contraintes\ d'intégrité$ i.e, on va remplacer dans FNC, la contrainte (2.5) par:

$$0 \leq y_{ij} \leq 1,\ (i,j) \in E \qquad (2.16)$$

De même dans FC la contrainte (2.15) sera remplacée par:

$$0 \leq x_i \leq 1,\ 0 \leq y_{ij} \leq 1,\ i \in V\ et\ (i,j) \in E \qquad (2.17)$$

A l'issue de cette opération, on obtient les relaxations linéaires des deux formulations.

N.B: Dans la suite du document, on notera respectivement les relaxations linéaires de FNC et FC par $\overline{FNC}$ et $\overline{FC1}$.

Après résolution, en ce qui concerne $\overline{FNC}$, si toutes les variables $y_{ij} \in \{0,1\}$ sont entières, alors celles dont leurs valeurs optimales sont égales à 1 correspondent aux arcs faisant partie du chemin optimal. Pour ce qui est de $\overline{FC1}$, en plus des variables $y_{ij} \in \{0,1\}$, il faut aussi tenir compte des $x_i \in \{0,1\}$.

2.4   Autres relaxations de FC

En plus de $\overline{FC1}$ qui est le modèle obtenu par relaxation linéaire, on peut construire toute une famille de relaxations continues de $\overline{FC1}$. Il suffit de remplacer dans les contraintes (2.6), (2.7), (2.8) et (2.9) de $\overline{FC1}$, la spécification $k \in V \setminus \{s\}$ par $k \in T$, avec $T \subset V \setminus \{s\}$.

Soit $\overline{FC}_T$, le nouveau modèle linéaire obtenu, après ces transformations. Il est clair qu' en considérant T_1 et T_2 des sous ensembles de $V \setminus \{s\}$ tels que: $T_1 \subset T_2$, alors $\overline{FC}_{T_2}$ contient toutes les contraintes de $\overline{FC}_{T_1}$. $\overline{FC}_{T_1}$ et $\overline{FC}_{T_2}$ étant par définition, les modèles obtenus en remplaçant dans $\overline{FC1}$ $k \in V \setminus \{s\}$ respectivement par $k \in T_1$ et $k \in T_2$. Ce qui fait qu'on a toujours:

$$\bar{z}^*_{T_1} \leq \bar{z}^*_{T_2} \leq \bar{z}^*_{FC1}$$

$\bar{z}^*_{T_1}$, $\bar{z}^*_{T_2}$ et $\bar{z}^*_{FC1}$ sont respectivement les valeurs optimales fractionnaires de $\overline{FC}_{T_1}$, $\overline{FC}_{T_2}$ et $\overline{FC1}$.

2.4.1 Formulation Compacte *FC2*

Considérons le modèle relaxé $\overline{FC}_{\{t\}}$ où $T = \{t\}$. On va le désigner par $\overline{FC2}$.
Soit $G(V, E)$ un graphe connexe et orienté. s et t deux sommets donnés de
G.
Des coûts $w_{ij} \in \mathbb{R}$ sont associés aux arcs $(i, j) \in E$.
Soit $z_{ij} \geq 0$, $(i, j) \in E$, la variable associée au flot qui passe par l'arc (i, j)
et qui est destiné au sommet t.
Soient $x_i \in \{0, 1\}$, $i \in V$ et $y_{ij} \in \{0, 1\}$, $(i, j) \in E$, les variables binaires
correspondantes respectivement au sommet i et à l'arc (i, j).
$\overline{FC2}$ est la formulation suivante:

$$min(\sum_{(i,j)\in E} w_{ij}y_{ij})$$

$$\sum_{j\in\Gamma^+(s)} z_{sj} - \sum_{j\in\Gamma^-(s)} z_{js} = 1 \qquad (2.18)$$

$$\sum_{j\in\Gamma^+(i)} z_{ij} - \sum_{j\in\Gamma^-(i)} z_{ji} = 0, \ i \in V \setminus \{s,t\} \qquad (2.19)$$

$$\sum_{j\in\Gamma^+(t)} z_{tj} - \sum_{j\in\Gamma^-(t)} z_{jt} = -1 \qquad (2.20)$$

$$z_{ij} \leq y_{ij}, \ (i,j) \in E \qquad (2.21)$$

$$\sum_{j\in\Gamma^+(i)} y_{ij} = x_i, \ i \in V \setminus \{s,t\} \qquad (2.22)$$

$$\sum_{j\in\Gamma^-(i)} y_{ij} = x_i, \ i \in V \setminus \{s,t\} \qquad (2.23)$$

$$\sum_{j\in\Gamma^+(s)} y_{sj} = 1 \qquad (2.24)$$

$$\sum_{j\in\Gamma^-(t)} y_{jt} = 1 \qquad (2.25)$$

$$z_{ij} \geq 0, \ (i,j) \in E \qquad (2.26)$$

$$0 \leq x_i \leq 1, \ 0 \leq y_{ij} \leq 1, \ avec \ i \in V \ (i,j) \in E \qquad (2.27)$$

A l'optimum $\overline{FC2}$ ne fournit pas nécessairement le chemin optimal.
Cependant, sa valeur optimale pourrait constituer une borne intéressante
pour entamer une procédure de *Branch and Bound* dans le but d'une résolution
de pcc_1. La qualité de cette borne fera l'objet d'expérimentations dans la

partie 2.6.

$\overline{FC2}$ est un problème relaxé de $\overline{FC1}$. En effet, dans $\overline{FC1}$, il suffit de remplacer $k \in V \setminus \{s\}$ par $k = t$ pour retrouver $\overline{FC2}$. Ainsi, les contraintes de $\overline{FC2}$ sont incluses dans $\overline{FC1}$. Ce qui fait que la valeur optimale de $\overline{FC2}$ serait toujours inférieure ou égale à celle de $\overline{FC1}$.

2.4.2   Nombre de contraintes de $\overline{FC2}$

Tout comme $\overline{FC1}$, $\overline{FC2}$ est un modèle à nombre de contraintes polynomial. En plus, il a moins de variables et de contraintes que $\overline{FC1}$. C'est ce qui est mis en évidence dans le tableau ci-dessous.

types de contraintes	nombre
(2.18)	1
(2.19)	$n - 2$
(2.20)	1
(2.21)	m
(2.22)	$n - 2$
(2.23)	$n - 2$
(2.24)	1
(2.25)	1
(2.26)	m
total	$3n + 2m - 2$

Tableau 2.2: Nombre de contraintes de $\overline{FC2}$

L'objectif fixé consistant à résoudre pcc_1, en ne s'intéréssant qu'à des relaxations continues, on va déterminer parmi les 3 modèles relaxés, à savoir $\overline{FNC}$, $\overline{FC1}$, et $\overline{FC2}$, le meilleur du point de vue de la qualité de la relaxation obtenue. En d'autres termes, il s'agit de trouver, à partir de nos expérimentations, celui qui, à l'optimum, fournit à tous les coups la plus grande valeur. Pour cela, on va présenter les résultats empiriques obtenus en appliquant ces différentes versions relaxées de pcc_1 sur les mêmes instances de graphes générés aléatoirement.

Toutes les expériences faites dans ce chapitre (et les suivants) sont effectuées sur un AMD Athlon 2200 MHz avec 256 Mo de Ram. Tous les programmes linéaires entiers ou mixtes sont résolus avec GLPK 4.3.

2.5   Exemples illustratifs

2.5.1   Exemple 2.1

Soit le graphe $G_1 = (V_1, E_1)$ suivant:

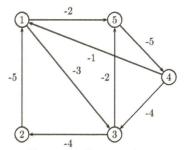

Figure 2.1: Instance de pcc_1.

Le problème consiste à trouver le plus court chemin entre les sommets 1 et 4. Dans ce graphe, il existe des circuits absorbants. Par exemple, le circuit suivant:

Application de $\overline{FNC}$

L'application de $\overline{FNC}$ fournit la solution optimale fractionnaire dont le support est le suivant:

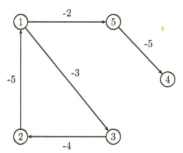

Figure 2.2: Support de la solution optimale de $\overline{FNC}$.

Ceci correspond à une solution optimale de valeur optimale $\bar{z}^*_{FNC} = $ -15. Avec: $y^*_{15} = y^*_{54} = 1$, $y^*_{13} = y^*_{21} = y^*_{32} = 0,66$ et $y^*_{41} = y^*_{43} = 0$. y^*_{ij} étant la valeur optimale de la variable associée à l'arc (i,j), $(i,j) \in E$.

Application de $\overline{FC1}$ et $\overline{FC2}$

L'application de $\overline{FC1}$ et $\overline{FC2}$ fournissent la solution optimale suivante:
$x^*_1 = x^*_3 = x^*_4 = x^*_5 = 1$ et $x^*_2 = 0$. x^*_i, $(i = 1...5)$, étant la valeur

optimale de la variable associée au sommet i. Quant aux valeurs optimales des variables associées aux arcs, on a: $y_{13}^* = y_{35}^* = y_{54}^* = 1$ et
$y_{15}^* = y_{21}^* = y_{32}^* = y_{41}^* = y_{43}^* = 0$. Là, on constate que toutes les variables sont entières à l'optimum.
D'où le chemin optimal suivant:

Son coût optimal $\bar{z}_{FC1}^* = \bar{z}_{FC2}^* = -10$.

2.5.2   Exemple 2.2

Soit le graphe $G_2 = (V_2, E_2)$ suivant:

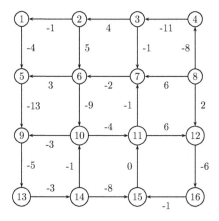

Figure 2.3: Instance de pcc_1.

Le problème consiste à trouver le plus court chemin entre les sommets 8 et
15. Dans ce graphe, il existe des circuits absorbants. On peut citer le circuit:

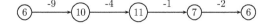

Application de $\overline{FNC}$

La résolution du modèle $\overline{FNC}$, sur cet exemple, fournit la solution optimale
fractionnaire dont le support est le suivant:

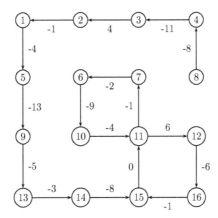

Figure 2.4: Support de la solution optimale de $\overline{FNC}$.

Cette solution optimale correspond à une valeur optimale $\bar{z}_{FNC}^* = -66$

Application de $\overline{FC1}$

De même l'application de $\overline{FC1}$ fournit la solution optimale de support:

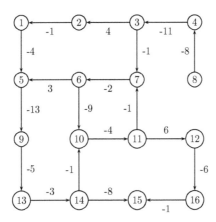

Figure 2.5: Support de la solution optimale de $\overline{FC1}$.

On a $\bar{z}_{FC1}^* = -55,5$.

Application de $\overline{FC2}$

L'application de $\overline{FC2}$ fournit la solution optimale de support:

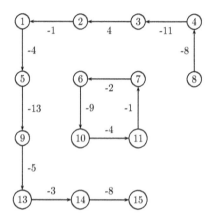

Figure 2.6: Support de la solution optimale de $\overline{FC2}$.

On a $\bar{z}^*_{FC2} = -65$ tandis que le chemin optimal de valeur -50 a pour support:

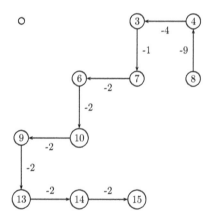

Figure 2.7: Support de la solution optimale entière.

Il faut noter, comme dans l'exemple 2.1, que: $\bar{z}^*_{FNC} \le \bar{z}^*_{FC2} \le \bar{z}^*_{FC1}$.
Ces deux exemples suggèrent le fait que la relaxation linéaire de $FC1$ est la

plus forte comparativement à $\overline{FC2}$ et $\overline{FNC}$. Dans les 2 exemples ci-dessus, sa valeur optimale est la plus proche de celle de la valeur du chemin optimal. Ceci nous est confirmé par les résultats ci-dessous.

2.6   Résultats numériques

Afin de comparer les différentes relaxations, on les a appliquées sur les mêmes instances de graphes générés aléatoirement. Pour chaque ordre donné de graphe, on a généré aléatoirement une série d'exemples. En appliquant chacune des différentes relaxations sur ces exemples, on détermine la moyenne des sauts d'intégrité, puis on procède à une comparaison de ces sauts d'intégrité (gap). Pour ce qui concerne, la génération aléatoire des graphes, pour une question de taille, on a fixé le demi degré extérieur, de chaque sommet d'un graphe donné à au plus 3. Les successeurs de tout sommet d'un graphe ainsi que les sommets s et t sont aussi déterminés de façon aléatoire. Pour la génération aléatoire des coûts sur les arcs, on a procédé de telle sorte qu'un coût généré ait une chance de 2 sur 3 pour qu'il soit négatif. Et ceci, afin qu'on puisse disposer de graphes avec des *circuits absorbants* suffisamment nombreux. On trouvera dans l'annexe une explication générale sur la façon dont ces graphes ont été générés. On rappelle que pour la résolution de la première formulation relativement aux graphes générés, on a énuméré toutes les *contraintes d'élimination des circuits*. Les résultats obtenus sont les suivants:

taille	$\bar{z}^*_{PCC}$	$\bar{z}^*_{FNC}$	$\bar{z}^*_{FC1}$	$\bar{z}^*_{FC2}$	taille	$\bar{z}^*_{PCC}$	$\bar{z}^*_{FNC}$	$\bar{z}^*_{FC1}$	$\bar{z}^*_{FC2}$
10	-10	-22,5	-10	-11	15	-53	-109,41	-53	-78
10	-15	-24	-15	-29	15	-49	-102,36	-51	-74
10	-27	-29,2	-27	-27	15	-48	-54,36	-48	-54
10	-6	-15,25	-6	-6	15	-91	-118,04	-91	-91
10	-38	-56,5	-38	-38	15	-61	-78,86	-61	-73
10	-50	-69,18	-50	-59	15	-58	-89,04	-58	-65
10	-18	-30,11	-18	-26	15	-32	-41,66	-32	-32
10	-70	-70	-70	-70	15	-52	-90,81	-52	-56
10	-10	-34,5	-10	-28	15	-63	-75,40	-63	-64
10	-36	-54,73	-36	-41	15	-19	-53,91	-19	-36

Tableau 2.3: Taille 10   Tableau 2.4: Taille 15

taille	$\bar{z}^*_{PCC}$	$\bar{z}^*_{FNC}$	$\bar{z}^*_{FC1}$	$\bar{z}^*_{FC2}$	taille	$\bar{z}^*_{PCC}$	$\bar{z}^*_{FNC}$	$\bar{z}^*_{FC1}$	$\bar{z}^*_{FC2}$
20	-72	-99,55	-72	-84	25	-93	-121,6	-93	-105
20	-61	-105,2	-61	-72	25	-121	-193	-124	-128
20	-102	-137,4	-102	-102	25	-77	-127,7	-77	-101
20	-100	-143,6	-100	-101	25	-134	-234,9	-135,5	-164
20	-73	-127,1	-75,6	-98	25	-102	-148,4	-102	-105
20	-54	-82,30	-54	-59	25	-91	-132,1	-91	-93
20	-83	-93,10	-83	-83	25	-110	-171,4	-110	-119
20	-90	-164,1	-90	- 116	25	-108	-185,3	-108	-111
20	-91	-148,9	-91	-94	25	-94	-138,5	-94	-110
20	-48	-74,33	-48	-55	25	-86	-145,4	-90,5	-98

Tableau 2.5: Taille 20   Tableau 2.6: Taille 25

Les tableaux ci-dessus se lisent comme suit:
- Dans la première colonne de chacun d'entre eux, on a la taille du graphe testé;
- Dans la deuxième, il s'agit de la valeur du chemin optimal;
- Dans la troisième, on a la valeur optimale de $\overline{FNC}$;
- Et quant à la quatrième et dernière colonne, on a respectivement les valeurs optimales fractionnaires de $\overline{FC1}$ et $\overline{FC2}$.
Dans le tableau 2.7 suivant, en fonction de la taille du graphe, on met en évidence la moyenne des sauts d'intégrité de chacune des relaxations étudiées par rapport à la valeur du chemin optimal.
- Sur sa première colonne, on a les différentes tailles de graphes testés;
- Sur la deuxième, troisième et quatrième colonne, on a respectivement les moyennes des sauts d'intégrité de $\overline{FNC}$, $\overline{FC1}$ et $\overline{FC2}$;
Quant à la dernière, elle présente, pour chaque taille, l'intervalle de densité des graphes testés.

taille	Moy Gap$\overline{FNC}$(%)	Moy Gap$\overline{FC1}$(%)	Moy Gap$\overline{FC2}$(%)	Densité (%)
10	80	0	35,9	42-58
15	65	0,4	23,9	30-38
20	53	0,4	12,3	26-29
25	57	0,8	11,7	21-23

Tableau 2.7: Moyenne des gaps par taille

Commentaires

Les résultats ci-dessus confirment le fait que $\overline{FC1}$ conduit à la relaxation la plus forte comparativement à $\overline{FNC}$ et $\overline{FC2}$. En effet, elle présente une moyenne de sauts d'intégrité nettement meilleure. Par exemple, en se référant au tableau 2.6, sur la dizaine de graphes, d'ordre 25, générés, la moyenne de gap de $\overline{FC1}$ est égale à 0,8% alors que celles de $\overline{FC2}$ et $\overline{FNC}$ valent respectivement 11,7% et 57%. Compte tenu des valeurs très élévées des sauts d'intégrité obtenus avec la formulation FNC (57% en moyenne), il apparait clairement que la formulation non compacte ne serait pas utilisable comme base de calcul des minorants dans une procédure de type "Branch and Bound" ou encore "Branch and Cut". C'est pourquoi FNC ne sera pas utilisée dans les chapitres suivants. Remarquons par ailleurs que sur les quarante graphes générés d'ordre allant de 10 à 25, on a toujours eu:

$$\bar{z}^*_{FNC} \leq \bar{z}^*_{FC2} \leq \bar{z}^*_{FC1} \leq \bar{z}^*_{PCC}$$

Excepté un cas, (la deuxième ligne du tableau 2.3), où on trouve:

$$\bar{z}^*_{FC2} < \bar{z}^*_{FNC}$$

En plus, il faut noter qu'avec ces quelques exemples testés, on a obtenu très peu d'exemples présentant un saut d'intégrité relativement à $\overline{FC1}$. La moyenne des gap varie de 0% pour les graphes d'ordre 10 à $0,8\%$ pour les graphes d'ordre 25. Ainsi, on retiendra que la relaxation linéaire, $\overline{FC1}$, est relativement forte. Sur la quarantaine d'exemples générés, on n'a trouvé que 3 présentant des sauts d'intégrité. Pour cela, on a procédé à une expérimentation mettant en évidence l'augmentation de la fréquence d'apparition des exemples présentant un saut d'intégrité, en fonction de la taille du problème. Notons que, pour chaque ordre donné, on a généré une centaine de graphes. Les résultats sont présentés dans le tableau suivant:

- Dans la première colonne du tableau 2.8, on a les différents ordres de graphes testés;
- Dans la deuxième colonne, on a le pourcentage d'exemples présentant des sauts d'intégrité (gap) sur une centaine de graphes générés;
- Dans la troisième colonne, on a le pourcentage d'exemples n'ayant pas de saut d'intégrité sur une centaine de graphes générés;
- Dans la dernière colonne, on a le ratio entre le pourcentage des exemples sans saut d'intégrité et celui des exemples présentant un saut d'intégrité.

taille	agap(%)	sgap(%)	$r = \frac{sgap}{agap}$
10	6	94	15,66
15	10	90	9
20	27	73	2,70
35	52	48	0,92
50	63	37	0,59

Tableau 2.8: Croissance du nombre des exemples avec des gaps

Le ratio, étant le rapport entre le pourcentage des exemples sans saut d'intégrité sur celui des exemples présentant un saut d'intégrité (gap), peut être interprêté comme la fréquence d'apparition des exemples présentant un saut d'intégrité. Par exemple, on peut dire que, pour les graphes d'ordre 10, il faut en moyenne générer 16 instances pour en obtenir une présentant un saut d'intégrité. Or, ce ratio décroît au fur et à mesure que la taille du problème devient importante. Ce qui fait qu'il faut s'attendre, à une certaine taille donnée, d'obtenir que des exemples avec saut d'intégrité à chaque génération aléatoire de graphe. En lisant le tableau 2.8, on se rend compte qu'à partir d'une certaine taille, la plupart des exemples générés présentent en moyenne un saut d'intégrité.

D'autre part, on a appliqué $\overline{FC1}$ sur des graphes à structure de grilles, de tailles différentes, générées aléatoirement. Pour la génération aléatoire des graphes à structure de grilles, il faut noter que le nombre de sommets et d'arcs sont fixés d'avance. Seuls, le sens d'orientation des arcs, les coûts sur les arcs et le choix des sommets s et t sont faits arbitrairement. D'autre part, comme dans la génération aléatoire des graphes précédents, afin qu'on puisse disposer des grilles ayant au moins un circuit absorbant, un coût est négatif avec une probabilité de $\frac{2}{3}$.

taille	agap	sgap	r
16	0,015	40,76	2717,33
25	0,08	39,81	497,63
36	0,28	38,40	133,33
50	0,34	34.42	101,23
70	0,64	33,31	52,04
100	0,41	19,77	48,26

Tableau 2.9: Croissance du nombre des exemples à gap sur des grilles

Pour obtenir ces résultats, il a fallu la génération aléatoire de milliers de graphes pour chaque taille donnée.

En comparant les résultats figurant sur les tableaux 2.8 et 2.9, on observe bien que la relaxation $\overline{FC1}$ comble le saut d'intégrité dans une proportion plus élévée de cas pour des graphes particuliers tels que les grilles. En effet, ne serait ce que pour les graphes d'ordre 50, on observe sur le tableaux 2.8 que le ratio est égal à 0,59 alors qu'il vaut 101,23 sur le tableau 2.9.

2.7 Conclusion

Dans ce chapitre, on a étudié deux formulations linéaires du problème du plus court chemin entre deux sommets (pcc_1) dans les graphes avec des *circuits absorbants*. La première, à variables entières, présente un nombre exponentiel de contraintes. La deuxième est à variables mixtes, et contrairement à la première, a un nombre polynomial de contraintes. Il s'agit en effet d'une formulation compacte du problème du plus court chemin entre deux sommets qui fait appel aux modèles de flots non simultanés. On a montré exprimentalement que la relaxation linéaire de la formulation compacte est en moyenne sensiblement plus forte que celle de la première formulation. En dépit de sa forte relaxation, la résolution en continu de la formulation compacte ne suffit généralement pas pour fournir la solution optimale entière. Pour cela, dans les prochaines pages, on va présenter plusieurs familles d'*inégalités valides* pour le problème du plus court chemin entre deux sommets donnés. On verra que ces inégalités permettront de renforcer davantage la relaxation linéaire de la formulation compacte.

Chapter 3

Nouvelles classes d'inégalités valides

3.1 Introduction

Nous étudions dans ce chapitre la possibilité de renforcer la relaxation linéaire de la formulation compacte vue dans les pages précédentes ($\overline{FC1}$). Relativement à la structure du polyèdre des $s - t$ *chemins élémentaires*, nous mettons en évidence plusieurs classes d'*inégalités valides*. Nous allons fournir quelques résultats liés à l'aspect facial de ces *inégalités valides* dans certains cas. Ces inégalités sont facilement identifiables. A condition d'être coupantes, ces inégalités vont contribuer au renforcement de la relaxation linéaire $\overline{FC1}$. On ouvre ainsi la voie à la résolution du problème pcc_1 par des techniques de *plans coupants*. Partout dans ce chapitre, on note l'ensemble des $s - t$ *chemins élémentaires* d'un graphe donné par $Q = \{p_1, p_2, \ldots, p_q\}$.

3.2 Une première classe d' inégalités valides (IV_0)

Dans cette partie, on va présenter une première classe d'*inégalités valides* qu'on a nommées *inégalités valides* d'ordre 0. L'ordre de l'inégalité étant la valeur de son second membre. Plus généralement, nous verrons qu'on peut définir plusieurs familles d'*inégalités valides* selon la valeur prise par k, le second membre de l'inégalité.

3.2.1 Inégalité valide d'ordre 0 (IV_0)

Définition 3.1. Etant donnés un graphe $G = (V, E)$ et deux sommets $s \in V$ et $t \in V$, nous appelons les "sommets 0" et "arcs 0", relatifs à s et t dans G, les sommets et arcs de G par lesquels, il ne passe aucun s-t chemin élémentaire. Formellement, il s'agit des éléments de S_0 et A_0 définis par:
$$S_0 = \{w \in V : w \notin V(p_i), i = 1, 2, \ldots, q\};$$

$A_0 = \{(u,v) \in E : (u,v) \notin E(p_i), i = 1, 2, \ldots, q\}$.

$V(p_i)$ et $E(p_i)$ désignent l'ensemble des sommets et l'ensemble des arcs du $s - t$ chemin élémentaire p_i.

Proposition 3.1. Pour toute paire (S_0, A_0), $S_0 \subset V$ et $A_0 \subset E$, conforme à la définition 3.1, on a:

$$\sum_{w \in S_0} x_w + \sum_{(u,v) \in A_0} y_{u,v} \leq 0 \tag{3.1}$$

est valide pour $\mathcal{P}$, le polytope associé à $conv(p_1, p_2, \ldots, p_q)$ [1]. Cette inégalité est appelée *inégalité valide* d'ordre 0. On désigne souvent l'*inégalité valide* (3.1) par $\alpha x + \beta y \leq 0$.

Preuve. Par définition de S_0 et A_0, aucun $s - t$ *chemin élémentaire* ne passe par les sommets de S_0, ni par les arcs de A_0. D'où la validité de l'inégalité (3.1). De même, elle est satisfaite par toute combinaison convexe de vecteurs caractéristiques de $s - t$ *chemins élémentaires*. En effet, du fait que les composantes, correspondantes aux éléments de S_0 et A_0, des vecteurs caractéristiques des $s-t$ *chemins élémentaires* $p_i (i = 1, 2, \ldots, q)$ sont nulles, elles resteront nulles dans toutes combinaisons convexes d'éléments de Q, l'ensemble des $s-t$ *chemins élémentaires*. □

Soit l'hyperplan (3.1)' d'équation:

$$\sum_{w \in S_0} x_w + \sum_{(u,v) \in A_0} y_{u,v} = 0.$$

Proposition 3.2. L'hyperplan (3.1)' contient le polytope $\mathcal{P}$.

Preuve. En vertu de la définition du couple (S_0, A_0), tout $s - t$ *chemin élémentaire* vérifie l'*inégalité valide* (3.1) avec égalité. Ce qui veut dire que tous les $s-t$ chemins appartiennent au sous espace affine $\{(x, y) : \alpha x + \beta y = 0\}$. Il s'ensuit donc que $\mathcal{P} \subset \{(x, y) : \alpha x + \beta y = 0\}$. □

La proposition ci-dessus explique en partie l'efficacité des *inégalités valides* de la forme (3.1) qui est mise en évidence expérimentalement dans les chapitres 4 et 5. Remarquons, également, qu'en vertu de cette propriété les inégalités (3.1) ne constituent pas en général des *facettes* du polytope $\mathcal{P}$.

---

[1] l'enveloppe convexe des s-t chemins élémentaires dans un graphe donné

3.2.2 Exemple 3.1.

Soit G = (V,E), le graphe suivant:

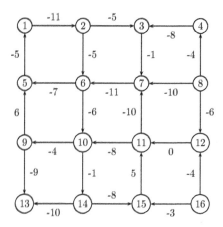

Figure 3.1: Instance de pcc_1.

Pour $s = 8$ et $t = 5$, après résolution, la solution optimale fractionnaire, $(\bar{x}, \bar{y})$, de $(\overline{FC1})$ donne:

- les valeurs des composantes de $\bar{x}$:

$\bar{x}_3 = \frac{1}{2}$, $\bar{x}_4 = \frac{1}{2}$, $\bar{x}_5 = 1$, $\bar{x}_6 = 1$, $\bar{x}_7 = 1$, $\bar{x}_8 = 1$, $\bar{x}_9 = \frac{1}{2}$, $\bar{x}_{10} = 1$, $\bar{x}_{11} = 1$, $\bar{x}_{12} = \frac{1}{2}$, $\bar{x}_{14} = \frac{1}{2}$, $\bar{x}_{15} = \frac{1}{2}$.

- les valeurs des composantes de $\bar{y}$:

$\bar{y}_{3,7} = \frac{1}{2}$, $\bar{y}_{4,3} = \frac{1}{2}$, $\bar{y}_{6,5} = \frac{1}{2}$, $\bar{y}_{6,10} = \frac{1}{2}$, $\bar{y}_{7,6} = 1$, $\bar{y}_{8,4} = \frac{1}{2}$, $\bar{y}_{8,12} = \frac{1}{2}$, $\bar{y}_{9,5} = \frac{1}{2}$, $\bar{y}_{10,9} = \frac{1}{2}$, $\bar{y}_{10,14} = \frac{1}{2}$, $\bar{y}_{11,7} = \frac{1}{2}$, $\bar{y}_{11,10} = \frac{1}{2}$, $\bar{y}_{12,11} = \frac{1}{2}$, $\bar{y}_{14,15} = \frac{1}{2}$, $\bar{y}_{15,11} = \frac{1}{2}$.

Quant aux sommets et arcs qui ne figurent pas dans le sous graphe support de $(\bar{x}, \bar{y})$, les valeurs de leurs composantes correspondantes sont nulles. La valeur de la solution optimale fractionnaire est $\bar{z}_{FC1} = -37$ alors que la valeur du chemin optimal $\bar{z}_{PCC} = -34$. Le sous graphe partiel suivant représente le support de la solution optimale continue.

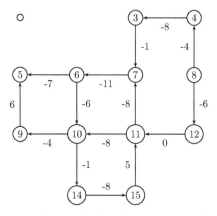

Figure 3.2: Support de la solution optimale de $\overline{FC1}$.

D'autre part, en énumérant tous les *s - t chemins élémentaires* de G, on obtient la liste suivante:

1.
$$8 \ \ 4 \ \ 3 \ \ 7 \ \ 6 \ \ 5$$

2.
$$8 \ \ 4 \ \ 3 \ \ 7 \ \ 6 \ \ 10 \ \ 9 \ \ 5$$

3.
$$8 \ \ 7 \ \ 6 \ \ 5$$

4.
$$8 \ \ 7 \ \ 6 \ \ 10 \ \ 9 \ \ 5$$

5.
$$8 \ \ 12 \ \ 11 \ \ 7 \ \ 6 \ \ 5$$

6.
$$8 \ \ 12 \ \ 11 \ \ 7 \ \ 6 \ \ 10 \ \ 9 \ \ 5$$

7.
$$8 \ \ 12 \ \ 11 \ \ 10 \ \ 9 \ \ 5$$

Les inégalités suivantes:

$$x_{14} + x_{15} \leq 0 \tag{3.2}$$

$$y_{10,14} + y_{14,15} + y_{15,11} \leq 0 \tag{3.3}$$

$$x_{14} + x_{15} + y_{10,14} + y_{14,15} + y_{15,11} \leq 0 \tag{3.4}$$

sont valides, car elles sont satisfaites à l'égalité par les vecteurs caractéristiques de tous les *s-t chemins élémentaires* énumérés. En d'autres termes, il n'existe aucun $s - t$ *chemin élémentaire* dans G qui passe par les "sommets 0" 14 et 15, avec $S_0 = \{14, 15\}$. De même, il n'existe aucun $s - t$ *chemin élémentaire* qui passe par les éléments de $A_0 = \{(10, 14), (14, 15), (15, 11)\}$. On associe ainsi à l'*inégalité valide* (3.2) le couple $(S_0, \emptyset)$, ie $A_0 = \emptyset$. On associe aux inégalités (3.3) et (3.4) les couples $(\emptyset, A_0)$ et (S_0, A_0), respectivement. De plus, elles sont toutes *coupantes*, du fait qu'elles sont violées par la solution optimale fractionnaire obtenue de $\overline{FC1}$. En effet:

$$\bar{x}_{14} + \bar{x}_{15} = 1 > 0,$$

$$\bar{y}_{10,14} + \bar{y}_{14,15} + \bar{y}_{15,11} = 1,5 > 0$$

et

$$\bar{x}_{14} + \bar{x}_{15} + \bar{y}_{10,14} + \bar{y}_{14,15} + \bar{y}_{15,11} = 2,5 > 0.$$

La résolution du modèle $\overline{FC1}$, auquel on rajoute l'*inégalité valide* (3.2), l'*inégalité valide* (3.3) ou l'*inégalité valide* (3.4) fournit la solution optimale entière. Ce qui entraîne une amelioration de la valeur optimale fractionnaire $\bar{z}_{FC1}$ de -37 à -34.

Remarque. - Tout arc incident à un "sommet 0" est un "arc 0". Cependant un arc peut être un "arc 0" sans pour autant que ses extrémités soient des "sommets 0".
- L'ensemble des "sommets 0" S_0 et l'ensemble des "arcs 0" A_0 sont uniques, mais comme on va le voir dans les paragraphes suivants, à partir de $k = 1$, les couples d'ensembles (S_1, A_1) et plus généralement (S_k, A_k) ne sont pas uniques: il peut y avoir plusieurs couples différents $(S_1, A_1), \ldots, (S_k, A_k)$.

3.3 Une deuxième classe d'inégalités valides (IV_1)

3.3.1 Inégalités valides d'ordre 1 (IV_1)

Définition 3.2. Etant donnés un graphe $G = (V, E)$ et deux sommets $s \in V$ et $t \in V$, nous appelons ensemble de "sommets 1" et "arcs 1", relatifs à s et t dans G, tout couple d'ensemble de sommets S_1 et d'ensemble d'arcs

A_1 de G tel que tout *chemin élémentaire* entre s et t n'emprunte pas plus d'un élément de ce couple d'ensembles. Un tel couple (S_1, A_1) est défini tel que:

$$\forall \; p_i(i = 1, ..., q), \; |(S_1 \cap V(p_i)) \cup (A_1 \cap E(p_i))| \le 1;$$

et

$$\forall (u, v) \in A_1, \; on \; a \; u \notin S_1, \; et \; v \notin S_1.$$

Proposition 3.3. Pour toute paire (S_1, A_1), $S_1 \subset V$ et $A_1 \subset E$, conforme à la définition 3.2, on a:

$$\sum_{w \in S_1} x_w + \sum_{(u,v) \in A_1} y_{u,v} \le 1 \tag{3.5}$$

est valide pour $\mathcal{P}$. Cette inégalité est appelée *inégalité valide* d'ordre 1. On la désigne souvent par $\alpha x + \beta y \le 1$.

Preuve. Par définition de S_1 et A_1, le vecteur caractéristique de tout $s - t$ *chemin élémentaire* a, au plus, un de ses éléments associés aux termes de l'*inégalité valide* (3.5) qui est fixé à 1. Par ailleurs, elle est satisfaite par toute combinaison convexe de solutions réalisables. □

Etant donnés un graphe $G = (V, E)$ et l'*inégalité valide* (3.5). Posons $U_1 = V \setminus S_1$ et $F_1 = E \setminus A_1$.

Proposition 3.4. Une condition nécessaire pour que l'*inégalité valide* (3.5) soit une facette de $\mathcal{P}$ est que le sous graphe (U_1, F_1) ait au moins un $s - t$ *chemin élémentaire*.

Preuve. Supposons que le sous graphe (U_1, F_1) n'ait aucun $s - t$ *chemin élémentaire*. Du fait de la validité de l'inégalité (3.5), tout $s - t$ *chemin élémentaire* passe par exactement un élément de (S_1, A_1). Il s'ensuit donc que tous les $s - t$ *chemins élémentaires* appartiennent au sous espace affine $\{(x, y) : \alpha x + \beta y = 1\}$. D'où la contradiction. □

Remarque. Comme on le verra dans les prochains chapitres, en dépit du fait que ces *inégalités valides* ne constituent pas, en général, des facettes, elles peuvent se révéler très efficaces pour renforcer la relaxation $\overline{FC1}$, au point de permettre de réduire à 0 le saut d'intégrité sur une forte proportion des exemples testés.

3.3.2 Exemple 3.2

Considérons l'instance de pcc_1 de l'exemple précédent (figure 3.1.). Relativement à cet exemple, l'inégalité

$$x_{11} + y_{8,4} + y_{8,7} \leq 1 \tag{3.6}$$

est valide et *coupante*. D'une part, elle est vérifiée par tous les $s - t$ *chemins élémentaires* dans G, ie, on ne peut pas trouver un $s - t$ chemin qui passe par plus d'un élément de $(S_1 \cup A_1)$ avec $S_1 = \{11\}$ et $A_1 = \{(8,4),(8,7)\}$. L'élément de S_1 est un "sommet 1" et ceux de A_1 sont des "arcs 1" relativement aux sommets $s = 8$ et $t = 5$. D'autre part, l'inégalité (3.6) est violée par la solution $(\bar{x}, \bar{y})$. Ce qui entraîne le fait que l'ajout de l'*inégalité valide* (3.6) dans le modèle $\overline{FC1}$ contribue à le renforcer, mieux elle permet d'obtenir la solution optimale entière, dont la valeur est égale à - 34.

Par ailleurs, notons qu'il n'existe pas un seul couple possible d'ensembles de sommets et d'arcs (S_1, A_1). A titre d'exemple, considérons le graphe de l'exemple 3.1 et tous les 7 *chemins élémentaires* entre $s = 8$ et $t = 5$ sur ce graphe, (cf. partie 3.2 de ce chapitre). Sur ce graphe, on constate que (S_1^1, A_1^1) et (S_1^2, A_1^2) sont des couples d'ensembles de "sommets 1" et "arcs 1" distincts, où: $S_1^1 = \{11\}$, $A_1^1 = \{(3,7)\}$ et $S_1^2 = \{3,11\}$, $A_1^2 = \emptyset$. Dans le chapitre suivant, on verra que pour cet exemple connu sous le nom de ess998, on peut construire 52 *inégalités valides* d'ordre 1 à deux termes, (voir les résultats du tableau 4.5 du prochain chapitre). Soit, 52 couples de sommets et arcs du type (S_1, A_1), avec $\mid S_1 \mid + \mid A_1 \mid = 2$.

3.4 Inégalités valides d'ordre 2 et supérieur

3.4.1 Inégalités valides d'ordre 2

Définition 3.3. Etant donnés un graphe $G = (V, E)$ et deux sommets $s \in V$ et $t \in V$, on appelle ensemble de "sommets 2" et "arcs 2", relatifs à s et t dans G, tout couple d'ensembles de sommets S_2 et d'arcs A_2 tel que tout s-t chemin élémentaire ne passe pas par plus de deux éléments de ce couple d'ensembles. Un tel couple (S_2, A_2) est défini de la façon suivante:

$$\forall \ p_i \ (i = 1, ..., q), \ |(S_2 \cap V(p_i)) \cup (A_2 \cap E(p_i))| \leq 2;$$

et

$$\forall (u, v) \in A_2, \ on \ a \ u \notin S_2, \ et \ v \notin S_2.$$

Proposition 3.5. Pour toute paire (S_2, A_2), $S_2 \subset V$ et $A_2 \subset E$, conforme à la définition 3.3, on a:

$$\sum_{w \in S_2} x_w + \sum_{(u,v) \in A_2} y_{u,v} \leq 2 \tag{3.7}$$

est valide pour $\mathcal{P}$. Cette inégalité est appelée *inégalité valide* d'ordre 2.

Preuve. Comme dans les deux cas précédents, par définition de S_2 et A_2, le vecteur caractéristique de tout $s-t$ *chemin élémentaire* a au plus deux de ses éléments associés aux termes de l'*inégalité valide* (3.7) qui est fixé à 1. Elle est satisfaite par toute combinaison convexe de vecteur caractéristiques de $s-t$ *chemins élémentaires*.   □

Comme on a fait la remarque pour le cas des couples d'ensembles de "sommets 1" et "arcs 1", notons également que le couple d'ensembles de "sommets 2" et d"'arcs 2", (S_2, A_2) n'est pas unique. A titre illustratif, en considérant l'instance de pcc_1 de l'exemple 3.1, l'inégalité

$$x_{11} + y_{8,4} + y_{7,6} + y_{11,10} \le 2 \tag{3.8}$$

est valide et *coupante*. Elle est violée par la solution optimale fractionnaire. En effet:

$$\bar{\pi}\bar{x} + \bar{\lambda}\bar{y} = 3 > 2$$

.Le couple d'ensembles de "sommets 2" et "arcs 2" qui est associé à l'inégalité (3.8) est: (S_2^1, A_2^1), où $S_2^1 = \{11\}$, $A_2^1 = \{(8,4), (7,6), (11,10)\}$. On peut proposer un deuxième couple d'ensembles (S_2^2, A_2^2), où $S_2^2 = \{6,7\}$, $A_2^2 = \{(11,10)\}$. Ce qui correspond à l'*inégalité valide* d'ordre 2 suivante: $x_6 + x_7 + y_{11,10} \le 2$.

3.4.2   Généralisation: inégalité valide d'ordre k quelconque (IV_k)

Définition 3.4. Etant donnés un graphe $G = (V, E)$ et deux sommets $s \in V$ et $t \in V$, on appelle ensemble de "sommets k" et "arcs k" relatifs à s et t dans $G = (V, E)$ tout couple d'ensembles de sommets et arcs de G tel que tout *chemin élémentaire* entre s et t ne passe pas par plus de k éléments de ce couple. Formellement, il s'agit de tout couple de la forme (S_k, A_k) où S_k est un ensemble de sommets et A_k est un ensemble d'arcs tels que:

$$\forall \; p_i \; (i = 1, ..., q), \; |(S_k \cap V(p_i)) \cup (A_k \cap E(p_i))| \le k;$$

et

$$\forall (u, v) \in A_k, \; on \; a \; u \notin S_k, v \notin S_k.$$

$V(p_i)$ et $E(p_i)$ désignent l'ensemble des sommets et l'ensemble des arcs du $s-t$ *chemin élémentaire* p_i.

Proposition 3.6. Pour toute paire (S_k, A_k), $S_k \subset V$ et $A_k \subset E$, conforme à la définition 3.4, on a:

$$\sum_{w \in S_k} x_w + \sum_{(u,v) \in A_k} y_{u,v} \leq k \tag{3.9}$$

est valide pour $\mathcal{P}$. L'inégalité valide (3.9) est appelée *inégalité valide* d'ordre k.

Preuve. Par définition de S_k et A_k, aucun $s-t$ *chemin élémentaire* ne passe pas par plus de k éléments de $(S_k \cup A_k)$. □

3.5 Conclusion

On a mis en évidence, dans ce chapitre, de nouvelles classes d'*inégalités valides* pour le problème pcc_1. On les a nommées *inégalités valides* d'ordre k, (k entier). Ces dernières vont permettre de renforcer la relaxation linéaire $\overline{FC1}$. Elles sont obtenues après avoir identifié dans le graphe l'existence de sommets et arcs qui ont la particularité d'être des "sommets k" et "arcs k". D'autre part, pour qu'on puisse exploiter ces *inégalités valides*, il va falloir qu'on étudie la difficulté liée à leur génération. C'est l'objet du prochain chapitre. Plus précisément, on va s'intéresser à la question de la difficulté du problème de *séparation* des *inégalités valides* d'ordre k, (ce problème étant évidemment lié à la recherche de "sommets k" et "arcs k" dans le graphe considéré).

Chapter 4

Séparation des *inégalités valides*

4.1 Introduction

Dans ce chapitre, on s'intéresse principalement à la question de la difficulté de la *séparation* des *inégalités valides* d'ordre k et des techniques utilisées pour les générer pour les cas $k = 0$ et $k = 1$, (Ibrahim et al. (2014)). On va présenter des algorithmes qui permettent de générer ces inégalités pour un ordre $k = 0$ ou 1. Il s'agit d'algorithmes s'appliquant sur des graphes peu denses dans lesquels le nombre de chemins n'est pas trop élevé. Ces algorithmes, essentiellement énumératifs, n'ont pas la prétention d'être efficaces sur des problèmes de taille importante; mais ils vont permettre de résoudre le problème de séparation sur des sous-graphes partiels (en pratique, déduits de la solution optimale du problème relaxé). Nous différons donc la recherche de l'efficacité au chapitre suivant, où on proposera de combiner l'utilisation de ces algorithmes énumératifs simples et à priori peu efficaces, avec des techniques de *lifting*. Les résultats apparaissent assez prometteurs.

4.2 Séparation des *inégalités valides* d'ordre k

Considérons la solution optimale (fractionnaire),$(\bar{x}, \bar{y})$, du modèle $\overline{FC1}$. Le problème de séparation des *inégalités valides* d'ordre k consiste à trouver une paire de sous ensembles de "sommets k" et d' "arcs k", (S_k, A_k), relatifs aux sommets s et t tels que:

$$\sum_{w \in S_k} \bar{x}_w + \sum_{(u,v) \in A_k} \bar{y}_{uv} > k \qquad (4.1)$$

Dans ce paragraphe, nous allons nous intéresser à la complexité (NP-complétude) d'un problème directement lié à ce problème de séparation, à savoir le problème Π_k suivant:

"Etant donné (S_k, A_k) satisfaisant l'inégalité (4.1), la paire (S_k, A_k) est elle conforme à la définition 3.4 du chapitre 3?"

Nous verrons dans le paragraphe 4.2.2 que ce problème est co-NP-complet, et c'est pourquoi nous serons amenés à proposer des algorithmes de séparation fondés sur l'énumération des $s - t$ *chemins élémentaire* du graphe.

Pour établir le caratère co-NP-complet de Π_k, nous considérons le problème Π'_k consistant à trouver dans le graphe G $(k + 2)$ *chemins élémentaires* $P_{s_1,t_1}, P_{s_2,t_2}, \ldots, P_{s_{k+1},t_{k+1}}, P_{s_{k+2},t_{k+2}}$ tel que $V(P_{s_i,t_i}) \cap V(P_{s_j,t_j}) = \emptyset$, $1 \leq i < j \leq k + 2$. De tels chemins sont dits *disjoints par les sommets* ou bien *sommet-disjoints*. Il faut noter que le problème Π'_k constitue une classe particulière de problèmes de multiflots en nombres entiers (Gondran et Minoux, 1995), (Minoux, 2001).

4.2.1 Quelques cas polynomiaux du problème Π'_k

Les premiers algorithmes polynomiaux qui permettent de résoudre le problème de l'existence de $k + 2$ chemins élémentaires *sommet-disjoints* entre $k + 2$ paires de sommets $(s_1, t_1), (s_2, t_2), \ldots, (s_{k+2}, t_{k+2})$ s'appliquent aux graphes non orientés et datent des travaux de Ohtsuzi (1981), Seymour (1980), Shiloach (1980) et Thomassen (1985) pour $k = 0$, et par la suite de ceux de Robertson et Seymour (1995) pour un k quelconque.

Dans les graphes orientés, il existe des cas particuliers pour lesquels le problème de l'existence de $k + 2$ *chemins élémentaires* sommet-disjoints entre $k + 2$ paires de sommets $(s_1, t_1), (s_2, t_2), \ldots, (s_{k+2}, t_{k+2})$ a été résolu en temps polynomial. Perl et Shiloach (1978) présentent un algorithme polynomial qui résout le problème en question, pour $k = 0$, dans les graphes orientés 3 - connexes et planaires, et aussi dans les graphes orientés sans cycle. Fortune et al. (1980) ont généralisé le cas concernant les graphes orientés acycliques à un k quelconque. Schrijver (1994) a présenté une méthode polynomiale qui traite le cas des graphes planaires pour un k quelconque. Rappelons que dans les graphes acycliques, le problème de la séparation des *inégalités valides* d'ordre k n'est pas intéressant. En effet, le problème du plus court chemin se résout efficacement dans de tels graphes.

4.2.2 Complexité du problème Π_k

Le problème Π'_k est connu NP-complet dans les graphes quelconques même pour le cas où $k = 0$, (Fortune, Hopcroft et Wyllie (1980)), (Garey et Johnson (1979)).

Posons Π'^c_k le complémentaire de Π'_k. Du fait que Π'_k est NP-complet, on déduit que $\Pi_k^{'c}$ est co-NP-complet.

Dans la suite pour un k quelconque donné, on va montrer la co-NP-complétude du problème Π_k, en établissant la réduction polynomiale suivante entre Π_k et $\Pi_k^{'c}$:

A partir d'une instance du problème $\Pi_k^{'c}$, considérant un $(k+1)-$ tuple $(\theta_1, \theta_2, \ldots, \theta_{k+1})$, (où $\theta_i \in V$ ou $\theta_i \in E$, $i = 1, \ldots, k+1$), une instance de Π_k peut être construite en procédant comme suit:

- par ajout d'un sommet w_i, les arcs (t_i, w_i) et (w_i, s_{i+1}), si θ_i est le sommet w_i, $i = 1, \ldots, k+1$;

- par ajout des arcs (u_i, v_i), (t_i, u_i) et (v_i, s_{i+1}), si θ_i est l'arc (u_i, v_i), $i = 1, \ldots, k+1$;

- et en posant $s = s_1$ et $t = t_{k+2}$.

Proposition 4.1. La réponse d'une instance de $\Pi_k^{'c}$ est "*oui*" si et seulement si celle d'une instance de Π_k est aussi "*oui.*"

Preuve. *i)* $\Rightarrow$: Soit $P_{s,t}$ un *chemin élémentaire* qui passe par les sommets $w_1, w_2, \ldots, w_{k+1}$ (dans l'ordre) dans un graphe instance de Π_k. Un tel chemin peut être décomposé en sous chemins P_{s_i,t_i}, $P_{t_i,s_{i+1}}$ et $P_{s_{i+1},t_{i+1}}$, $i = 1, \ldots, k+1$, où $s = s_i$ et $t = t_{k+2}$ et les sous chemins $P_{t_i,s_{i+1}}$, $i = 1, \ldots, k+1$ représentent les séquences $(t_i, w_i, s_{i+1}.)$ $P_{s,t}$ n'est pas élémentaire. En effet, du fait que la réponse de l'instance de $\Pi_k^{'c}$ est "*oui*", on a $V(P_{s_1,t_1}) \cap \ldots \cap V(P_{s_{k+2},t_{k+2}}) \neq \emptyset$.

ii) $\Leftarrow$: Considérons les chemins P_{s_1,t_1}, $P_{s_2,t_2}, \ldots, P_{s_{k+2},t_{k+2}}$ d'une instance de $\Pi_k^{'c}$. Soit $P_{s,t}$ un chemin dans un graphe, instance de Π_k. $P_{s,t}$ peut être décomposé en sous chemins P_{s_i,t_i}, $P_{t_i,s_{i+1}}$ et $P_{s_{i+1},t_{i+1}}$, $i = 1, \ldots, k+1$, où $s = s_i$ et $t = t_{k+2}$. Comme précédemment, les sous chemins $P_{t_i,s_{i+1}}$, $i = 1, \ldots, k+1$ sont les séquences $(t_i, w_i, s_{i+1}.)$ Du fait que la réponse de l'instance de Π_k est "*oui*", il s'ensuit que $P_{s,t}$ n'est pas élémentaire. Ce qui implique $V(P_{s_1,t_1}) \cap \ldots \cap V(P_{s_{k+2},t_{k+2}}) \neq \emptyset$. $\qquad\square$

Proposition 4.2. Le problème de décision Π_k est co-NP-complet.

Preuve. D'une part, le problème de décision $\Pi_k^{'c}$ est co-NP-complet. En effet, il est le complémentaire de Π_k' connu NP-complet dans un graphe quelconque même pour le cas où $k = 0$ (Fortune, Hopcroft et Wyllie (1980)), (Garey et Johnson (1979)). D'autre part, du fait de la réduction polynomiale entre $\Pi_k^{'c}$ et Π_k, on déduit alors que le problème Π_k est co-NP-complet. $\qquad\square$

4.3 Génération pour $k = 0$ et $k = 1$

4.3.1 Génération des "sommets 0" et "arcs 0"

Pour générer des *inégalités valides* d'ordre 0, on va d'abord utiliser une procédure énumérative basée sur l'idée qui consiste à supprimer, dans un graphe $G = (V, E)$ donné, tous les *s-t chemins élémentaires*. Ce qui suppose le parcours de tous les *chemins élémentaires* entre s et t. Du fait que le nombre de *s-t chemins élémentaires* peut croître exponentiellement en fonction de la taille du graphe, on propose d'appliquer la procédure 0 ci-dessous sur des graphes peu denses. Ce qui est conforme avec l'une des caractéristiques de l'existence de sommets et arcs par lesquels il ne passe pas de *s-t chemins élémentaires*. En effet, plus le graphe est dense, moins on a de chance d'obtenir des sommets et arcs par lesquels il ne passe aucun *s-t chemin élémentaire*. Par exemple, dans un graphe complet, il passe par tous les sommets et arcs au moins un *s-t chemin élémentaire*.

Procédure 0

A la sortie de la procédure ci-dessous, le graphe résultant n'est autre que le sous graphe induit par les sommets et arcs par lesquels, il ne passe aucun *s-t chemin élémentaire*. Il s'agit des "sommets 0" et "arcs 0" relativement à s et t. Pour des raisons déjà évoquées, on va faire nos tests sur des graphes de type grille qu'on a générés aléatoirement. Il s'agit de graphes, dont la densité est de l'ordre de $\frac{1}{n}$. Pour ce qui est de la génération aléatoire de ces graphes, puisque que nous connaissons la matrice d'adjacence des ces graphes, donc ce sont les coûts sur les arcs qui ont été générés aléatoirement avec une probabilité de $\frac{2}{3}$ pour que ce coût soit négatif. Pour plus de détails sur la génération aléatoire, se reporter à la section 2.6 du chapitre 2.

Soit $G = (V, E)$ un graphe;
Déterminer la liste des p_i $(i = 1, ..., q)$ *s-t* chemins élémentaires;
pour $i \leftarrow 1$ à q **faire**
    si $v \in (V \cap V(p_i))$ *ou* $a \in (E \cap E(p_i))$ **alors**
      $| \quad (V \leftarrow V \setminus \{v\}) \vee (E \leftarrow E \setminus \{a\})$;
    fin
fin
Ecrire $(S_0, A_0) \leftarrow (V, E)$;

Algorithm 4: Génération des sommets "0" et arcs "0

D'autre part, puisque le but de la résolution du problème de séparation des *inégalités valides* d'ordre k (0,1,...) consiste à renforcer $\overline{FC1}$, la relaxation linéaire de FC vue dans les pages précédentes, à travers le tableau 4.1 ci-après, on va présenter les instances de graphes sur lesquelles on a fait nos tests:

- Dans la première colonne du tableau, on a le nom permettant d'identifier le graphe;
- Dans la deuxième colonne, on a la taille (le nombre de sommets) du graphe
- Dans la troisième colonne, on a la valeur ($\bar{z}^*_{PCC}$) du chemin optimal obtenu en utilisant la version 4.3 du solveur Glpk;
- Dans la quatrième colonne, on a la valeur ($\bar{z}^*_{FC1}$) de la solution optimale fractionnaire;
- Au niveau de la cinquième, on a le saut d'intégrité (gap) relatif résultant;
- Dans la dernière colonne, on indique le nombre NC de $s - t$ *chemins élémentaires* contenus dans chaque instance.

nom	taille	$\bar{z}^*_{PCC}$	$\bar{z}^*_{FC1}$	gap (%)	NC
ess222	16	-50	-55,5	11	15
ess220	16	-47	-59,5	26,6	5
ess65	16	-63	-68,5	8,7	12
ess998	16	-34	-37	8,8	7
al84	25	-78	-89,5	14,7	22
al69	25	-57	-60,5	6,1	8
al36	25	-10	-17	70	7
mk95	36	-40	-48	20	5
mk395	36	-55	-57,5	4,5	15
mk758	36	-34	-38,5	13,2	21
mk770	36	-35	-39	11,4	20
bn333	50	-110	-113,5	3,2	52
bn268	50	-25	-36,5	46	12
grill41	50	-125	-165	32	124

Tableau 4.1: Exemples de graphes traités présentant un gap

Commentaires

C'est sur ces graphes qu'on va expérimenter l'efficacité, dans un premier temps, des *inégalités valides* d'ordre 0. On s'intéressera par la suite à l'ordre $k = 1$. Il s'agit de graphes pour lesquels, la résolution de leur modèle $\overline{FC1}$ correspondant ne fournit pas à l'optimum la valeur de la solution entière. Par exemple, en considérant le graphe identifié par al36, la valeur du chemin optimal est égale à -10 alors que celle de $\overline{FC1}$ est égale à -17. Ce qui fait un saut d'intégrité de 70%, (il s'agit d'un minorant assez mauvais). Rappelons que les graphes testés constituent les exemples les plus difficiles parmi des milliers de graphes générés, (se reporter au paragraphe 2.6 du chapitre 2).

Pour avoir plus d'informations sur la description des graphes, se référer à la partie annexe.

Dans le tableau 4.2, ci-après, pour chaque instance de graphe traitée, on va montrer les *inégalités valides* d'ordre 0 fournies par la procédure 0. Plus précisément, on met en évidence les sommets et arcs qui induisent des *inégalités valides* d'ordre 0. Ces sommets et arcs ont été fournis par la

procédure 0. Le tableau se lit comme suit:
- Dans la première colonne du tableau, on a le nom permettant d'identifier
le graphe en annexe;
- Dans la deuxième colonne, on a la taille du graphe représenté par son or-
dre;
- Dans la troisième, on a les sommets w et arcs (u, v) par lesquels, il ne passe
pas de *s-t chemin élémentaire*;
- Dans la quatrième colonne, on a le pourcentage du saut d'intégrité relatif.
On note $gap_c = \frac{\bar{z}^*_{PCC} - \bar{z}^*_{FC1}}{\bar{z}^*_{PCC}}$ pour indiquer qu'il s'agit du saut d'intégrité à
combler;
- En ce qui concerne la dernière colonne, on a le saut d'intégrité résiduel
$gap_r = \frac{\bar{z}^*_{PCC} - \bar{z}^*_{IV_0}}{\bar{z}^*_{PCC}}$. Ce dernier correspond au saut d'intégrité obtenu après
usage des *inégalités valides* d'ordre 0 (IV_0). En d'autres termes, il s'agit du
saut d'intégrité relatif restant à combler, après introduction de toutes les
inégalités IV_0 dans $\overline{FC1}$.

nom	taille	"som 0" et "arcs 0"	gap_c (%)	gap_r (%)
ess222	16	(11,7)	11	0
ess220	16	3,7,11	26,6	0
ess65	16	-	0	8,7
ess998	16	14,15	8,8	0
al84	25	3,8	14,7	0
al69	25	17, (19,18)	6,1	0
al36	25	3,4,7	70	0
mk95	36	19,20,25,26,27,28,34	20	0
mk395	36	30, (17,23),(29,28)	4,5	0
mk758	36	12,18,24	13,2	0
mk770	36	2,7,8, (15,9)	11,4	0
bn333	50	(25,35),(35,45),(36,37),(45,46)	3,2	0
bn268	50	11,12,21,31,32,35,42,43,44	46	0
grill41	50	3,6 (14,15)	20	10

Tableau 4.2: Résultats dus aux "sommets 0" et/ou "arcs 0"

Commentaires

Chaque ligne du tableau ci-dessus correspond à la résolution de pcc_1 sur
un graphe dont la taille est indiquée et la description est donnée dans la
partie annexe de ce document. Considérons la première ligne du tableau.
Relativement à l'instance ess222, la résolution de $\overline{FC1}$ fournit une solution
optimale fractionnaire présentant un saut d'intégrité de 11%. Le rajout de
l'*inégalité valide* d'ordre 0, $y_{11,7} \leq 0$, correspondant à l'"arc 0", (11,7), permet de combler le saut d'intégrité et d'obtenir la valeur optimale entière.
Dans le prochain tableau des résultats, on va présenter les temps de calculs
des *inégalités valides* d'ordre 0 (IV_0) sur des instances de graphes de tailles
100 et 200. Car, sur des graphes de petites tailles, leur génération se fait le

plus souvent en très peu de temps.

Remarque. Dans le tableau 4.2, seuls figurent les "sommets 0" et "arcs 0" relatifs à s et t qui appartiennent au sous graphe support de la solution optimale fractionnaire. En effet, de tels "sommets 0" et "arcs 0" produisent des inégalités IV_0 qui sont *coupantes*.
En plus, à cause des contraintes (2.10) et (2.11) de FC (se referer au chapitre 2), les arcs incidents aux "sommets 0" sont aussi des "arcs 0". Par contre, pour une question de simplicité dans la présentation, ils n'apparaissent pas dans le tableau 4.2.

Dans le tableau 4.3, ci-après, on met en évidence le temps de génération des *inégalités valides* d'ordre 0 sur des graphes de tailles plus importantes.
- Dans la première et deuxième colonne du tableau, on a respectivement le nom permettant d'identifier le graphe en annexe et sa taille représentée par son nombre de sommets;
- Dans la troisième colonne, on a la valeur du chemin optimal notée par $\bar{z}_{PCC}^*$;
Dans la quatrième colonne, on a $\bar{z}_{FC1}^*$, la valeur optimale de la relaxation linéaire du modèle $FC1$;
- Dans la cinquième colonne, on a la nouvelle valeur optimale de $\overline{FC1}$ obtenue après introduction des *inégalités valides* d'ordre 0. On note $\bar{z}_{IV_0}^*$;
- Dans la sixième colonne, on montre le pourcentage du saut d'intégrité comblé grâce aux *inégalités valides* d'ordre 0. On va le noter par g_{gap_0} et se calcule par: $\frac{\bar{z}_{IV_0}^* - \bar{z}_{FC1}^*}{\bar{z}_{PCC}^* - \bar{z}_{FC1}^*}$;
- Dans l'avant dernière colonne, on a le temps de génération de ces *inégalités valides* d'ordre 0 (t_0);
- Dans la dernière colonne, on va indiquer le nombre NC de $s - t$ *chemins élémentaires* contenus dans chaque instance.

nom	taille	$\bar{z}^*_{PCC}$	$\bar{z}^*_{FC1}$	$\bar{z}^*_{IV_0}$	g_{gap_0} (%)	$t_0(s)$	NC
g100e1	100	- 85	- 102	- 85	100	62	18
g100e5	100	- 82	- 110,5	- 82	100	92	40
g100e6	100	- 167	- 173,5	- 167	100	2700	13805
g100e8	100	- 62	- 70,5	- 62	100	135	12
g100e9	100	- 70	- 80	- 70	100	327	16
g100e10	100	- 95	- 100,5	- 95	100	635	48
g100e12	100	- 121	- 128,5	- 124,5	53,33	65	71
g100e14	100	- 102	- 116,5	- 107,5	62,06	800	32
g100e15	100	- 192	- 198,5	- 192	100	3643	15902
g100e17	100	- 107	- 119,5	- 107	100	530	398
g200e2	200	- 59	- 88	- 59	100	105	13
g200e4	200	- 76	- 81	- 76	100	330	53
dav763	200	- 126	- 260	- 126	100	7215	1595
dav229	200	- 113	- 147	- 113	100	335	140
dav33	200	- 385	- 404,5	-	-	$> 4 \times 3600$	-
dav194	200	-201	-217,5	- 201	100	685	100
dav277	200	- 371	- 382	-	-	$> 4 \times 3600$	-
dav280	200	- 191	- 195	- 191	100	210	1593

Tableau 4.3: Temps de calculs IV_0 sur AMD Athlon 2,2 Go, RAM 256 Mo

Commentaires

A travers ces résultats, on constate l'efficacité des *inégalités valides* d'ordre
0. La preuve, pour pratiquement tous les exemples considérés, 100% du saut
d'intégrité est comblé, excepté les cas représentés par g100e12 et g100e14,
dav33 et dav277. Cependant, le temps de génération des *inégalités valides*
d'ordre 0 (IV_0) peut être très important. Prenons le cas de g100e15, pour cet
exemple il a fallu 3643 secondes (soit 1 heure et 43 secondes) pour générer
toutes les inégalités IV_0. Pour dav33 et dav277, au bout de plus de 4 heures
de temps d'éxécution, on n'a pas obtenu les "sommets 0" et "arcs 0" cor-
respondants. Devant cette problématique, il serait intéressant de trouver
d'autres techniques de génération des inégalités IV_0. En effet, la procédure
énumérative utilisée, jusqu'ici, pour les générer, est peu efficace et reste donc
limitée à des problèmes de taille réduite. Nous montrerons dans le prochain
chapitre que ces exemples seront bien résolus, en faisant appel à des techniques de *lifting*. Pour une introduction à ce type de technique, se reporter
au paragraphe 1.5 du chapitre 1. Indépendamment de ces techniques de *lifting* introduites dans le chapitre 5, on peut aussi penser à la mise en oeuvre
d'une méthode heuristique pour trouver des inégalités valides violées. Ceci
pourrait être l'objet d'autres travaux de recherche.

4.3.2   Génération des "sommets 1" et "arcs 1"

a) Génération d'*inégalités valides* d'ordre 1 à deux termes

Dans cette partie, on va, dans un premier temps, s'intéresser à la génération des *inégalités valides* d'ordre 1 à deux termes. Il s'agit d'*inégalités valides* de la forme $x_a + x_b \leq 1$. Comme dans le cas des *inégalités* d'ordre 0, pour les générer, on a utilisé une procédure énumérative basée sur l'idée de la suppression, dans un graphe $G = (V, E)$ donné, de tous les *s-t chemins élémentaires* comportant le sommet "v"ou l'arc "e". A l'issue de cette opération, chaque sommet et arc, contenu dans le graphe résiduel, permet d'écrire avec le sommet "v" ou l'arc "e" une *inégalité valide* d'ordre 1 à deux termes. La procédure est la suivante:

Soit $G = (V, E)$ un graphe.
Soit p_i $(i = 1, \ldots, q)$ le i^{eme} *s-t chemin élémentaire*.
Soit $\bar{S}_0 \subset V$, l'ensemble des sommets de G par lesquels, il passe au moins un *s-t* chemin élémentaire.
De même $\bar{A}_0 \subset E$, l'ensemble des arcs par lesquels, il passe au moins un *s-t* chemin élémentaire.

Procédure 1
A la sortie de cette procédure ci-dessous tout sommet appartenant à G_v ou G_e permet d'écrire avec v ou e une *inégalité valide* d'ordre 1 à deux termes. De même que pour les "sommets 0" et "arcs 0", l'existence, dans un graphe, des "sommets 1" et "arcs 1" relativement à s et t, dépend de la densité du graphe en question. En effet, plus le graphe est dense, plus on a de chance d'avoir entre chaque paire de sommets et/ou arcs au moins un *s-t chemin élémentaire*. $G_v = (V, E)_v$ ou $G_e = (G, E)_e$ est le sous graphe de G=(V,E)

Déterminons la liste des p_i $(i = 1, \ldots, q)$ *s-t chemins élémentaires*;
tant que $((v \in \bar{S}_0) \vee (e \in \bar{A}_0))$ **faire**
   pour $i \leftarrow 1$ à q **faire**
      si $((v \in V(p_i)) \vee (e \in E(p_i)))$ **alors**
         | $(V, E) \leftarrow (V, E) \setminus \{p_i\}$;
      fin
   fin
fin
Ecrire $(V, E)_v \vee (V, E)_e$;

Algorithm 5: Génération de paires de "sommets 1" et/ou "arcs 1"

---

obtenu, à l'issue de la suppression de tous les *s-t* chemins passant par v ou e.
On a testé la procédure 1 sur les mêmes instances de graphes qui ont été considérées dans le tableau 4.1.

On obtient les résultats présentés dans le tableau 4.4 ci-dessous. Ce tableau
se lit pratiquement comme le tableau 4.2, sauf qu'au lieu des "sommets 0"
et "arcs 0", ce sont des "sommets 1" et "arcs 1" relatifs à s et t qui sont mis
en évidence.
- Dans la première colonne du tableau, on a le nom permettant d'identifier
le graphe en annexe;
- Dans la deuxième colonne, on a la taille du graphe représenté en nombre
de sommets;
- Dans la troisième, on a pris, en exemple, une paire de sommets, d'arcs ou
de sommet et arc permettant d' écrire une *inégalité valide* d'ordre 1 à deux
termes;
- Dans la quatrième et cinquième colonne, on a respectivement les pourcent-
ages du saut d'intégrité comblé et celui du saut d'intégrité résiduel.

nom	taille	sommets et/ou arcs 1	$gap_c(\%)$	$gap_r(\%)$
ess222	16	(1,6)	11	0
ess220	16	(10,13)	26,6	0
ess65	16	((12,8),(10,9))	8,7	0
ess998	16	(3,11)	8,8	0
al84	25	(12,21)	14,7	0
al69	25	(14,18)	6,1	0
al36	25	(8,14)	70	0
mk95	36	(10,15)	20	0
mk395	36	(16,24)	4,5	0
mk758	36	(22,(17,23))	13,2	0
mk770	36	((19,20),(33,32))	7,6	3,8
bn333	50	(16,46)	3,2	0
bn268	50	((15,14),(25,24))	46	0
grill41	50	(5,46)	12	20

Tableau 4.4: Renforcement dû aux "sommets 1" et/ou "arcs 1"

Commentaires

Dans ce tableau, pour chacune des instances de graphes testées, on a mis
en évidence un couple de "sommets 1" et/ou d' "arcs 1". Par exemple,
en se référant à la première ligne du tableau, l'*inégalité valide* d'ordre 1 à
deux termes ou *binaire* correspondant au couple de "sommets 1" (1,6) est:
$x_1 + x_6 \leq 1$. Il s'agit d'une *inégalité valide* qui permet de combler un saut
d'intégrité de 11% et de fournir la solution optimale entière. De même, si
l'on considère l'exemple identifié par mk758, on a 22 et (17,23) qui sont
respectivement des "sommet 1" et "arc 1" permettant d'écrire l'*inégalité
valide* suivante: $x_{22} + y_{17,23} \leq 1$. Pour ce qui est de bn268, le couple d'arcs
1, ((15,14),(25,24)), permet d'écrire $y_{15,14} + y_{25,24} \leq 1$.
D'autre part, puisque la procédure 1 fournit toutes les paires de "sommets 1"
et/ou "arcs 1", en fonction des exemples traités, on peut trouver un nombre

important d'*inégalités valides* d'ordre 1 *binaires*. Cependant, toutes ne sont pas violées par la solution optimale fractionnaire. En plus, il faut noter que ces *inégalités valides* mises en évidence ne sont nullement pas les plus fortes, en terme de violation par la solution optimale fractionnaire. Dans le tableau 4.4, on présente, pour chacun des exemples, la première *inégalité valide coupante* rencontrée dans la liste des inégalités IV_1 fournies par la procédure 1.

Le tableau suivant illustre le nombre d'*inégalités valides binaires* d'ordre 1 que l'on pourrait écrire pour chacune des instances de graphes traitées. Par exemple, pour mk758, la procédure 1 fournit 358 *inégalités valides* d'ordre 1 *binaires*.

nom	ess222	ess220	ess65	ess998	al84	al69	al36
nbre	90	23	25	52	95	55	56
nom	mk95	mk395	mk758	mk770	bn333	bn268	grill41
nbre	43	152	358	39	217	86	349

Tableau 4.5: Nombre d' *inégalités valides binaires* d'ordre 1

Proposition 4.3. L'application de l'algorithme de Floyd-Warshall (cf. chapitre 1) permet d'identifier des paires de "sommets 1" et/ou "arcs 1" relativement à s et t, mais pas toutes.

Preuve

Puisqu'il s'agit d'un algorithme polynomial qui fournit les plus courts chemins entre toutes les paires de sommets dans un graphe. Les paires de sommets et/ou arcs, (α, β), pour lesquelles l'algorithme fournit des valeurs optimales non finies correspondent aux paires de sommets entre lesquels il n'existe pas de *chemin élémentaire*. Ainsi, avec de telles paires de sommets, on peut écrire des *inégalités valides* du type: $x_a + x_b \leq 1$ pour le problème du s-t *chemin élémentaire* (pcc_1). Il s'agit donc de paires de "sommets 1" et/ou "arcs 1". □

Exemple 4.3.: Exemple illustrant que l'algorithme de Floyd ne fournit pas toutes les paires de "sommets 1" et/ou "arcs 1".

Considérons le graphe de l'exemple 3.1 du chapitre précédent, il s'agit du graphe $G = (V, E)$ suivant:

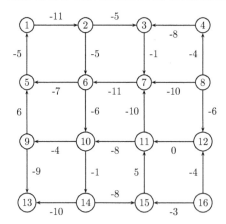

Figure 4.5: L'algorithme de Floyd ne fournit pas la paire $(3, 11)$

Dans cet exemple, $s = 8$ et $t = 5$. Dans le tableau 4.1, cet exemple, correspond à ess998. Les "sommets 0" correspondant à ess998 sont les sommets 14 et 15. D'autre part, les sommets 3 et 11 constituent une paire de "sommets 1", (se référer au tableau 4.4). Cependant, l'application de l'algorithme de Floyd-Warshall ne fournit pas la paire de "sommets 1" $(3, 11)$. En effet, il existe au moins un *chemin élémentaire* entre les sommets 3 et 11 alors qu'il s'agit d'un *chemin élémentaire* qui n'est pas un sous chemin d'un *s-t chemin élémentaire*. On peut citer le chemin représenté par les sommets (3 7 6 10 14 15 11). Il s'agit d'un sous chemin passant par les sommets 14 et 15.

b) Cas des *inégalités valides* d'ordre 1 à plus de deux termes

Considérons le graphe, $G_1 = (V_1, E_1)$, induit par toutes les paires de sommets et/ou arcs correspondant à des *inégalités valides* d'ordre 1 à deux termes ou *binaires*.
On peut construire des *inégalités valides* d'ordre 1, de nombre de termes supérieur ou égal à 2, ou renforcer des *inégalités valides* d'ordre 1 à deux termes, en procédant à la recherche de la clique de cardinalité maximale ou de la clique de poids maximum dans $G_1 = (V_1, E_1)$. Il s'agit, bien sûr, d'un problème *NP-complet*, du point de vue complexité (Garey et Johnson (1979)). Dans la littérature, on retrouve toute une panoplie de techniques de résolution du problème de clique maximum, allant des méthodes exactes aux heuristiques (Balas et Samuelson (1977)), (Kopf et Ruhe (1987)), (Nemhauser et Trotter (1975)). Cependant, dans ce chapitre, pour construire de fortes *inégalités valides* d'ordre 1, on va utiliser le programme linéaire

PL1 suivant:

$$\begin{cases} Max \ \sum_{i=1}^{n} w_i x_i \\ s.t. \\ x_i + x_j \leq 1, \ \forall \ (i,j) \in E_1, \\ x_i \in \{0,1\}, i = 1, ..., n. \end{cases}$$

A l'optimum, PL1 fournit la clique de capacité ou de poids maximum correspondante à l'*inégalité valide* d'ordre 1 la plus forte. Pour ce qui est de la recherche de la clique de cardinalité maximale, il suffit de remplacer dans PL1, la fonction objectif par: $Max \ \sum_{i=1}^{n} x_i$. Ainsi, PL1 devient:

$$\begin{cases} Max \ \sum_{i=1}^{n} x_i \\ s.t. \\ x_i + x_j \leq 1, \ \forall \ (i,j) \in E_1, \\ x_i \in \{0,1\}, i = 1, ..., n. \end{cases}$$

A l'optimum, cette nouvelle version de PL1 fournit la clique de cardinalité maximale. Elle correspond à l'*inégalité valide* d'ordre 1 qui a le plus grand nombre de termes.

c) Génération d'*inégalité valide* d'ordre 1: Résolution de PL1

Puisque notre objectif consiste à renforcer la relaxation linéaire, $\overline{FC1}$, on va s'intéresser à la recherche de la clique de poids maximum dans G_1, (G_1 étant le graphe induit par toutes les paires de "sommets 1" et/ou "arcs 1"). Ce qui correspond à l'*inégalité valide* d'ordre 1 la plus forte, au sens de violation par la solution optimale fractionnaire.

On sait obtenir ces paires de "sommets 1" et/ou "arcs 1", en appliquant la procédure 1. On peut également utiliser l'algorithme de Floyd-Warshall pour obtenir des paires de "sommets 1" et/ou "arcs 1". Ensuite, on résout le programme PL1 qui est une formulation du problème de renforcement des *inégalités valides* d'ordre 1. Après résolution du programme PL1, on obtient les résultats du tableau ci-dessous.

nom	taille	sommets et arcs 1	$gap_c(\%)$	$gap_r(\%)$
ess222	16	$((5,9),(6,10))$	11	0
ess220	16	$(9, (6,10))$	26,6	0
ess65	16	$(3,(7,6),(10,9))$	8,7	0
ess998	16	$(7,(11,10))$	8,8	0
al84	25	$(9,(23,22))$	14,7	0
al69	25	$(14,(13,18))$	6,1	0
al36	25	$(8,(18,13),(18,17))$	70	0
mk95	36	$(9,(14,15))$	20	0
mk395	36	$((21,15),(23,24),(28,22))$	4,5	0
mk758	36	$((17,23),(22,23),(22,28))$	13,2	0
bn268	50	$(6,(25,15),(25,24))$	46	0
grill41	50	$((26,25), (35,36), (36,46))$	32	0

Tableau 4.6: Fortes *inégalités valides* d'ordre 1 founies par PL1

Commentaires

Dans le tableau 4.6, pour chaque exemple caractérisé par une ligne du tableau, on a déterminé l'*inégalité valide* d'ordre 1 la plus forte par résolution du programme linéaire PL1. En d'autres termes, on parle aussi de l'*inégalité valide* la plus violée par la solution optimale fractionnaire. Par exemple, en se reférant à la première ligne du tableau, ess222 fournit comme *inégalité valide* d'ordre 1 de poids maximum: $y_{5,9} + y_{6,10} \leq 1$. Celle-ci est produite par les arcs (5,9) et (6,10). Pour ce qui est de l'exemple identifié par mk758, l'*inégalité valide* d'ordre 1 la plus forte correspond à $y_{17,23}+y_{22,23}+y_{22,28} \leq 1$. Il faut noter que, pour chaque exemple considéré, ces *inégalités valides* correspondent à des cliques de poids maximum dans le graphe G_1. D' autre part, en dépit du fait qu'on ait des sauts d'intégrité assez importants à combler, on remarque que sur toutes les lignes de la colonne du tableau correspondant au saut d'intégrité résiduel (noté gap_r), ce dernier vaut 0. Ces sauts d'intégrité à combler (noté gap_c), pouvant atteindre l'ordre des 70% pour al36 et 46% pour bn268.

4.4   Conclusion

Dans ce chapitre, on s'est intéressé au problème de la *séparation* des *inégalités valides* d'ordre k. Après étude, il ressort que la *séparation* de telles inégalités est une tâche difficile. Néanmoins, en vue d'évaluer l'impact que pourraient produire ces inégalités en terme de renforcement, pour $k = 0$ et $k = 1$, on a utilisé des procédures énumératives pour les générer, (elles utilisent l'énumération de tous les *s-t chemins élémentaires* dans un graphe). Ce type d'approche est évidemment limité à des graphes peu denses et de taille suffisamment réduite. Cependant, les expériences réalisées ont montré que si l'on sait générer efficacement ces inégalités, alors on pourrait considérablement réduire le saut d'intégrité (en valeur relative, se reporter aux résultats du tableau 4.3).

Dans le but de traiter des exemples de plus grandes tailles, nous allons étudier dans le chapitre suivant des techniques de *lifting* d'*inégalités valides* d'ordre k générées sur des sous graphes. Nous verrons d'après les expériences de calcul réalisées que ces *inégalités liftées* apparaissent pratiquement efficaces.

Chapter 5

Lifting d'*inégalités valides* d'ordre k

5.1 Introduction

Il est clair que les procédures énumératives utilisées dans le chapitre précédent pour générer des *inégalités valides* d'ordre 0 et 1 présentent l'inconvénient de ne s'appliquer que sur des graphes de taille limitée, ayant un nombre suffisamment faible de *s-t chemins élémentaires*. Dans ce chapitre, nous allons voir qu'elles seront néanmoins exploitables, à condition de les combiner avec des techniques de *lifting*. Selon le sous graphe considéré pour procéder au *lifting*, nous serons conduits à deux types d'*inégalités valides liftées*, à savoir les *inégalités valides liftées simples*(LS) et les *inégalités valides liftées* de *cocycle* (LC). En fin de chapitre, on verra également comment cette technique peut se généraliser, au moins conceptuellement, pour des inégalités d'ordre $k > 1$.

5.2 Techniques de *lifting* proposées

L'approche discutée ci-dessous (Ibrahim et al. (2015)) se fondent sur l'étude de la restriction du problème à résoudre sur des sous graphes. Plus précisément, on cherche à exploiter le sous graphe correspondant au support de la solution optimale fractionnaire. Sur ce sous graphe, on va identifier des *inégalités valides* qui pourront être qualifiées d'*inégalités valides locales*. Pour cela, on va utiliser les procédures 0 et 1 du chapitre précédent pour identifier des "sommets k" et "arcs k", ($k = 0, 1$), sur le support de la solution optimale fractionnaire. Ceci est possible, même pour des graphes de tailles relativement importantes, car l'expérience montre que le sous graphe induit par la solution optimale fractionnaire contient en général très peu de $s - t$ *chemins élémentaires* comparativement au graphe tout entier, (voir la dernière colonne du tableau 5.4). A l'issue de l'application de la procédure

0 ou 1 sur le sous graphe support de la solution optimale fractionnaire, on va proposer des procédures permettant de rendre ces *inégalités* valides pour le graphe tout entier. Nous verrons que le *lifting* pourra être réalisé ici assez simplement, contrairement au cas général où cette opération peut être difficile.

5.2.1   Lifting d'*inégalités valides* d'ordre 0

a) Les *inégalités valides liftées simples* d'ordre 0 (LS_0)

Exemple 5.1

Considérons le graphe suivant:

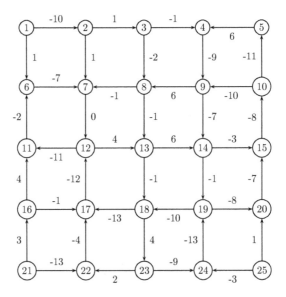

Figure 5.1: Instance de pcc_1.

On choisit $s = 4$ et $t = 5$. Le support de la solution optimale fractionnaire qu'on obtient en résolvant le programme $\overline{FC1}$ correspondant à cet exemple est:

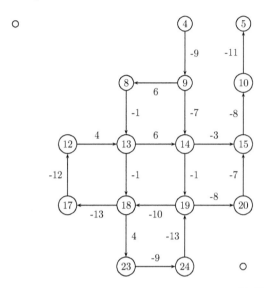

Figure 5.2: Support de la solution optimale de $\overline{FC1}$.

Soit $G_S = (V_S, E_S)$ le sous graphe ci-dessus. En déterminant les "sommets 0" et "arcs 0" relatifs à $s = 4$ et $t = 5$ sur ce sous graphe, on pourrait écrire l'inégalité suivante:

$$x_{12} + x_{17} + y_{19,18} \leq 0 \tag{5.1}$$

On remarque alors que l'inégalité (5.1) est valide relativement à $G_S = (V_S, E_S)$, mais pas pour $G = (V, E)$ tout entier. Il suffit pour s'en convaincre de considérer les chemins de G constitués par les sommets: (4   9   8   7   12   13   14   15   10   5), (4   9   8   7   12   13   14   19   20   15   10   5), (4   9   8   7   12   13   18   23   24   19   20   15   10   5). En effet, une telle contrainte élimine les sommets représentant ces chemins du polytope $\mathcal{P}$ des solutions réalisables. Il s'agit des seuls chemins éliminés par (5.1). D'où la non validité de (5.1) relativement au graphe tout entier. Si l'on veut néanmoins exploiter l'inégalité (5.1), il va falloir recourir à l'idée du *lifting*. Comment transformer l'inégalité (5,1) pour la rendre valide relativement à $G = (V, E)$? En d'autres termes comment la transformer afin qu'elle soit vérifiée par les chemins représentés par: (4   9   8   7   12   13   14   15   10   5), (4   9   8   7   12   13   14   19   20   15   10   5), (4   9   8   7   12   13   18   23   24   19   20   15   10   5)?

L'inégalité (5.1) suggère que les sommets 12, 17 et l'arc (19,18) prétendent à être des "sommets 0" et "arcs 0". Cependant, on n'est pas certain s'ils le sont ou pas. Pour ce faire, l'idée du *lifting* consiste à se dire que s'il existe un $s - t$ *chemin élémentaire* passant par le sommet 12, sachant qu'un tel sommet est un "sommet 0" dans G_S, alors nécessairement un tel chemin a dû passer par des sommets et arcs qui appartiennent au sous graphe partiel complémentaire de G_S. Ainsi, en ce qui concerne l'exemple 5.1, on pourrait écrire les inégalités suivantes:

$$x_{12} - y_{12,11} - y_{1,2} - y_{1,6} - y_{2,3} - y_{2,7} - y_{3,4} - y_{3,8} - y_{5,4} - y_{6,7} - y_{7,12} - y_{8,7}$$
$$-y_{10,9} - y_{11,6} - y_{16,11} - y_{16,17} - y_{21,16} - y_{21,22} - y_{22,17} - y_{23,22} - y_{25,24} - y_{25,20} \leq 0$$

$$x_{17} - y_{12,11} - y_{1,2} - y_{1,6} - y_{2,3} - y_{2,7} - y_{3,4} - y_{3,8} - y_{5,4} - y_{6,7} - y_{7,12} - y_{8,7}$$
$$-y_{10,9} - y_{11,6} - y_{16,11} - y_{16,17} - y_{21,16} - y_{21,22} - y_{22,17} - y_{23,22} - y_{25,24} - y_{25,20} \leq 0$$

$$y_{19,18} - y_{12,11} - y_{1,2} - y_{1,6} - y_{2,3} - y_{2,7} - y_{3,4} - y_{3,8} - y_{5,4} - y_{6,7} - y_{7,12} - y_{8,7}$$
$$-y_{10,9} - y_{11,6} - y_{16,11} - y_{16,17} - y_{21,16} - y_{21,22} - y_{22,17} - y_{23,22} - y_{25,24} - y_{25,20} \leq 0$$

Toutes ces inégalités sont valides et coupantes. Les termes additionnels intervenant dans l'écriture de ces inégalités sont les variables (nulles) associées aux sommets et arcs qui ne figurent pas dans le sous graphe support de la solution optimale fractionnaire. D'où la proposition suivante:

Proposition 5.1. Soit $G_S = (V_S, E_S)$, le sous graphe support de la solution optimale fractionnaire. Soit (S_0^S, A_0^S), un couple de sous ensembles de sommets et d'arcs de $G_S = (V_S, E_S)$. Si l'inégalité

$$\sum_{w \in S_0^S} x_i + \sum_{(u,v) \in A_0^S} y_{jk} \leq 0 \tag{5.2}$$

est valide pour le polytope des s-t *chemins élémentaires* associé à $G_S = (V_S, E_S)$, alors les inégalités

$$x_w - \sum_{(u',v') \in E \backslash E_S} y_{u'v'} \leq 0 \quad \forall\, w \in S_0^S \tag{5.3}$$

et

$$y_{uv} - \sum_{(u',v') \in E \backslash E_S} y_{u'v'} \leq 0 \quad \forall\, (u,v) \in A_0^S \tag{5.4}$$

sont valides pour le polytope $\mathcal{P}$ des s-t *chemins élémentaires* associé au graphe initial G. De plus, elles sont *coupantes* relativement à la solution optimale fractionnaire, (on rappelle qu'une *inégalité valide* est dite *coupante* par rapport à une solution fractionnaire donnée si elle est violée par cette solution). Nous les appellerons les *inégalités valides liftées simples* d'ordre

0. On note (LS_0).

Preuve. L'inégalité (5.3) est valide, car tout *s-t chemin élémentaire*, auquel appartient le sommet $w \in S_0^S$, doit passer au moins par un arc ou un sommet du complémentaire de G_S. De plus, elle est violée par la solution optimale fractionnaire. En effet, tous les termes de l'inégalité sont nuls, sauf le terme correspondant à la variable associée au sommet $w \in S_0^S$. On procède de la même façon pour montrer la validité de l'inégalité (5.4).

$\square$

Les résultats du tableau suivant illustrent l'impact de ces inégalités relativement au renforcement de la relaxation linéaire $\overline{FC1}$. On les a appliquées sur les mêmes graphes que ceux considérés dans le tableau 4.1 du chapitre précédent.

- Dans la première colonne du tableau, on a le nom identifiant le graphe testé;
- Dans la deuxième, on indique les nombres de sommets (n_S) et arcs (m_S) du sous graphe support de la solution optimale fractionnaire;
- Dans la troisième colonne, on a la valeur du chemin optimal (z_{PCC}^*);
- Dans la quatrième, on a la valeur de la solution optimale fractionnaire $(z_{\overline{FC1}}^*)$;
- Dans la cinquième, il s'agit de la valeur optimale obtenu à l'issue de l'usage des *inégalités valides liftées simples* d'ordre 0 ($(z_{LS_0}^*)$);
- Dans la sixième colonne, on a le nombre d'inégalités LS_0 générées;
- Dans la septième colonne, on met en évidence le gain sur le saut d'intégrité obtenu, en faisant appel aux *inégalités valides liftées simples* d'ordre 0 $(gain_{LS_0})$. Ce dernier se calcule comme suit: $gain_{LS_0} = \frac{z_{LS_0}^* - z_{\overline{FC1}}^*}{z_{PCC}^* - z_{\overline{FC1}}^*}$;
- Dans la dernière colonne, on met en évidence le rapport NC_{S_1}/NC où NC_{S_1} désigne le nombre $s - t$ *chemins élémentaires* contenus dans le sous graphe support de la solution fractionnaire et NC le nombre de $s - t$ *chemins élémentaires* contenus dans le graphe tout entier, il s'agit des valeurs contenues dans la dernière colonne du tableau 4.1 du chapitre précédent.

nom	(n_S, m_S)	z^*_{PCC}	$(z^*_{\overline{FC1}})$	$z^*_{LS_0}$	nbr_{LS_0}	$gain_{LS_0}$ (%)	NC_{S_1}/NC
ess222	(16,19)	- 50	- 55,5	- 53,6	1	34,54	5/15
ess220	(11,14)	- 47	- 59,5	- 47	5	100	5/5
ess65	(13,16)	- 63	-68,5	- 63	1	100	5/12
ess998	(12,15)	-34	-37	- 35,5	5	50	5/7
al84	(22,25)	- 78	- 89,5	- 83,50	4	52,17	5/22
al69	(15,18)	- 57	- 60,5	- 57	6	100	5/8
al36	(15,19)	- 10	- 17	- 13,5	7	50	5/7
mk95	(21,25)	- 40	- 48	- 43	10	62,5	5/5
mk395	(23,30)	- 55	- 57,5	- 56,65	5	34	10/15
mk758	(22,24)	- 34	- 38,5	- 37	5	33,33	5/21
mk770	(19,22)	- 35	- 39	- 35	8	100	5/20
bn333	(33,39)	- 110	- 113,5	- 112,31	3	34	5/52
bn268	(23,25)	- 25	- 36,5	- 35,25	12	10,87	5/12
grill41	(44,51)	- 125	- 165	- 164,54	7	1,15	9/124

Tableau 5.1: Mise en évidence du renforcement dû aux inégalités LS_0

Commentaires

Au niveau de la deuxième colonne, on a présenté la taille des sous graphes (support de la solution continue) sur lesquels, on a opéré pour générer des "sommets 0" et "arcs 0". Par exemple, considérons le cas mk770, le sous graphe correspondant a 19 sommets et 22 arcs, alors que le graphe initial a 50 sommets et 85 arcs (se reporter à la partie annexe). Remarquons que, pour ces sous graphes, l'écart entre leurs nombres de sommets et arcs ($|m_S - n_S|$) n'est pas aussi important. La génération des inégalités LS_0 sur le sous graphe support est relativement efficace à cause de sa faible densité. La structure du sous graphe support de la solution optimale fractionnaire peut être vue comme un *s-t chemin élémentaire* auquel sont accrochés plusieurs cycles. Dans la sixième colonne, on met en évidence le nombre d'*inégalités valides liftées simples* d'ordre 0 générées, en vue de renforcer la relaxation $\overline{FC1}$. Ce nombre correspond à $|S_0^S| + |A_0^S|$, ie, le nombre de "sommets 0" et "arcs 0" du sous graphe support de la solution optimale fractionnaire. D'autre part, on peut voir l'impact positif des *inégalités valides liftées simples* d'ordre 0, en terme de renforcement. Ce renforcement est quantifié dans la septième colonne du tableau où l'on présente le gain sur le saut d'intégrité ($gain_{LS_0}$). Ainsi, grâce aux inégalités LS_0, il est possible d'obtenir des gains sur le saut d'intégrité de 100%. Ce qui correspond à l'obtention de la solution exacte du problème. Par exemple, les gains $gain_{LS_0}$ correspondant à ess65, ess220 et mk770 sont tous égaux à 100. Malheureusement ce n'est pas toujours le cas. En se référant aux résultats obtenus, pour plus de 70% des exemples considérés, on a $gain_{LS_0} < 100\%$ et environ 50% présentent $gain_{LS_0} < 50\%$. Pour améliorer ces résultats, on propose une procédure itérative exploitant les inégalités LS_0. Cette procédure consiste, à chaque fois qu'on peut générer des "sommets 0" et "arcs 0" sur le sous graphe support, de construire les inégalités LS_0 qui correspondent à ces "sommets 0" et "arcs 0", de les rajouter dans le modèle relaxé $\overline{FC1}$, puis de réoptimiser le modèle obtenu. Cette opération itérative entraînera la croissance de $gain_{LS_0}$ au fil des itérations. L'application d'une telle procédure itérative permet d'obtenir les résultats du tableau 5.2 ci-dessous.

ess222	34,54	65,46				
ess220	100					
ess65	100					
ess998	50	21,66	28,34			
al84	52,17	8,69	8,08	26,70	1,47	2,89
al69	100					
al36	50	40,57	9,43			
mk95	62,5	12,5	25			
mk395	34	66				
mk758	33,33	11,11				
mk770	100					
bn333	34	19,14	46,85			
bn268	10,87	10,87	2,87	7,91	2,95	58,69	5,83
grill41	1,15	0,43	4,68	0,90	1,45	

Tableau 5.2: Renforcement obtenu par ajout itératif des LS_0

Commentaires
- Dans la première cellule de chaque ligne du tableau 5.2, on a l'identificateur de l'exemple testé;
- Dans la deuxième cellule, il s'agit du gain sur le saut d'intégrité obtenu grâce à la première génération des inégalités LS_0;
- Dans la troisième cellule, il s'agit du gain sur le saut d'intégrité obtenu grâce à la deuxième génération des inégalités LS_0,...
Ainsi, par exemple, sur la première ligne, on a testé ess222. A l'issue du premier renforcement obtenu grâce aux LS_0 correspondantes, on obtient un gain de l'ordre des 34,54%, à l'issue du deuxième renforcement, le gain sur le saut d'intégrité est égal à 65,46. En faisant la somme des deux gains sur le saut d'intégrité, on obtient 100%. Ce qui veut dire que pour ess222, deux générations des inégalités LS_0 ont suffi pour fournir la solution optimale entière. Hormis grill41 et mk758, pour tous les autres exemples, en itérant un nombre limité de fois la procédure de générations des LS_0, on arrive à combler le saut d'intégrité. Par, exemple, pour bn268, il a fallu 7 itérations pour obtenir la solution optimale entière.

b) Les *inégalités valides liftées* de *cocycle* d'ordre 0 (LC_0)

Pour justifier la validité des inégalités LS_0, il suffit de remarquer que tout *s-t chemin élémentaire* passant par un "sommet 0" ou un "arc 0" dans G_S, (le sous graphe ayant pour taille $(n_S,\ m_S)$), passe au moins par un sommet et/ou arc de $G \setminus G_S$. Raison pour laquelle dans l'écriture des inégalités LS_0 apparaissent toutes les variables associées aux arcs de $G \setminus G_S$. Le nombre d'arcs de $G \setminus G_S$ pouvant être très élévé, dans ce paragraphe, nous proposons une autre façon de procéder au *lifting* à partir d'*inégalités valides* d'ordre 0 sur le sous graphe induit par l'ensemble des sommets du support de la solution fractionnaire. Ainsi, contrairement aux inégalités LS_0, seul un sous ensemble de taille assez réduite des arcs de $G \setminus G_S$ est pris en compte.

Exemple 5.2. Considérons le sous graphe induit par l'ensemble S des sommets du support de la solution optimale fractionnaire. Les arcs d'un tel sous graphe ont leurs deux extrémités dans S. Il s'agit du sous graphe support de la solution optimale fractionnaire, présenté dans l'exemple 5.1, auquel on rajoute l'arc manquant (10,9). De même que dans l'exemple 5.1, les "sommets 0" et "arcs 0" de ce nouveau sous graphe sont les sommets 12, 17 et l'arc (19,18).

Dans cet exemple, contrairement au cas précédent, tout *s-t chemin élémentaire*, auquel appartient le sommet 12, 17 ou l'arc (19,18), a dû necessairement passer par au moins deux des arcs de la liste suivante:

$$\{(3,8), (8,7), (7,12), (12,11), (16,17), (22,17), (23,22), (25,24), (25,20)\}$$

Il faut noter que ces arcs sont les composantes du cocycle de S, $(S = V_S)$. Ainsi l'on a les inégalités suivantes:

$$2 * x_{12} - y_{3,8} - y_{8,7} - y_{7,12} - y_{12,11} - y_{16,17} - y_{22,17} - y_{23,22} - y_{25,24} - y_{25,20} \leq 0;$$

$$2 * x_{17} - y_{3,8} - y_{8,7} - y_{7,12} - y_{12,11} - y_{16,17} - y_{22,17} - y_{23,22} - y_{25,24} - y_{25,20} \leq 0;$$

$$2 * y_{19,18} - y_{3,8} - y_{8,7} - y_{7,12} - y_{12,11} - y_{16,17} - y_{22,17} - y_{23,22} - y_{25,24} - y_{25,20} \leq 0.$$

Elles sont valides et violées par la solution optimale fractionnaire.

Proposition 5.2. Soit S l'ensemble des sommets du support de la solution optimale fractionnaire. Soit $G_S = (V_S, E_S)$, le sous graphe induit par S. C'est à dire que: $V_S = S$ et $E_S = \{(u,v) \in E : u \in S,\ v \in S\}$. Notons par $w(S)$ le cocycle induit par S. Soit (S_0^S, A_0^S), un couple de sous ensembles de sommets et d'arcs du sous graphe G_S. Si l'inégalité

$$\sum_{w \in S_0^S} x_w + \sum_{(u,v) \in A_0^S} y_{uv} \leq 0 \tag{5.5}$$

est valide pour le polytope des *s-t chemins élémentaires* associé à $G_S = (V_S, E_S)$, alors les inégalités

$$2 * x_w - \sum_{(u',v') \in w(S)} y_{u'v'} \leq 0 \quad \forall \ w \in S_0^S \qquad (5.6)$$

et

$$2 * y_{uv} - \sum_{(u',v') \in w(S)} y_{uv} \leq 0 \quad \forall \ (u,v) \in A_0^S \qquad (5.7)$$

sont valides pour le polytope $\mathcal{P}$ des *s-t chemins élémentaires* associé à G. En plus, elles sont violées par la solution optimale fractionnaire. Par la suite, on va désigner ces inégalités par les *inégalités valides* de cocycle d'ordre 0, (LC_0).

Preuve. L'inégalité (5.6) est valide, car tout *s-t chemin élémentaire*, auquel appartient le sommet $w \in S_0^S$, doit passer au moins une fois par un arc entrant et au moins une fois par un arc sortant du cocycle de S. En plus une telle inégalité est *coupante*. En effet, tous les termes de l'inégalité sont nuls, sauf la variable associée au sommet $w \in S_0^S$. La démonstration de la validité de l'inégalité (5.7) se fait par un argument similaire. $\qquad \square$

De même que nous l'avons fait pour les inégalités LS_0, le renforcement du modèle relaxé grâce aux inégalités LC_0 sur les mêmes instances de graphes considérées dans le tableau précédent permet d'obtenir les résultats rassemblés dans le tableau 5.3. Ce dernier se lit de la même façon que le tableau 5.1, à la différence qu'ici dans la dernière colonne, on a le rapport NC_{S_2}/NC où NC_{S_2} représente le nombre de $s - t$ *chemins élémentaires* contenus dans le sous graphe induit par l'ensemble des sommets du sous graphe support de la solution optimale fractionnaire.

nom	$(n_S,\, m_S)$	z^*_{PCC}	$(z^*_{\overline{FC1}})$	$z^*_{LC_0}$	$gain_{LC_0}$ (%)	NC_{S_2}/NC
ess222	(16,24)	- 50	- 55,5	- 50	100	15/15
ess220	(11,15)	- 47	- 59,5	- 47	100	5/5
ess65	(13,18)	- 63	-68,5	- 68,5	0	12/12
ess998	(12,16)	- 34	-37	- 34	100	7/7
al84	(22,33)	- 78	- 89,5	- 83,46	47,47	11/22
al69	(15,21)	- 57	- 60,5	- 57	100	5/8
al36	(15,21)	- 10	- 17	- 10	100	7/7
mk95	(21,32)	- 40	- 48	- 40	100	5/5
mk395	(23,35)	- 55	- 57,5	- 55	100	15/15
mk758	(22,28)	- 34	- 38,5	- 34	100	6/21
mk770	(19,28)	- 35	- 39	- 35	100	5/20
bn333	(33,44)	- 110	- 113,5	- 110	100	13/52
bn268	(23,30)	- 25	- 36,5	- 25	100	8/12
grill41	(44,73)	- 125	- 165	- 156,65	20,87	90/124

Tableau 5.3: Mise en évidence du renforcement dû aux LC_0

Commentaires

Ce tableau illustre bien l'intérêt des *inégalités valides* de *cocycles* d'ordre 0. Il apparaît clairement que les renforcements obtenus grâce aux LC_0 sont meilleurs que ceux obtenus par les LS_0. Ainsi, sur pratiquement toutes les lignes du tableau 5.3, on trouve $gain_{LC_0} = 100$, sauf les cas représentés par ess65, al84 et grill41 où l'on a les gains sur le saut d'intégrité, leur correspondant, qui sont égaux respectivement à 0, 47,47% et 20,87%. Pour améliorer encore ces résultats, on peut envisager procéder de façon itérative comme on l'a fait pour le cas des *inégalités valides liftées simples*. Ce qui revient à générer d'autres *inégalités valides liftées* de *cocycle*, à chaque fois que c'est possible et que la solution optimale est fractionnaire. En ce qui concerne les inégalités LC_0, on ne va pas présenter de tableau de résultats qui met en évidence ces itérations, comme on l'a fait dans le tableau 5.2 pour les inégalités LS_0, puisqu'il s'agit du même principe.

D'autre part, ces résultats empiriques suggèrent que les *inégalités valides liftées de cocycle* (LC_0) sont plus fortes que les *inégalités valides liftées simples* (LS_0). On le vérifie aisément en comparant les résultats des deux tableaux, où on a toujours $gap_{LC_0} \geq gap_{LS_0}$. La proposition suivante montre qu'il s'agit d'une propriété générale.

Proposition 5.3. Pour chaque $w \in S_0^S$, les inégalités (5.6) sont plus fortes que les inégalités de type (5.3).
Pour chaque $(u, v) \in A_0^S$, les inégalités (5.7) sont plus fortes que les inégalités de type (5.4).

Preuve. Soit $\bar{x}$, la solution optimale fractionnaire d'un problème linéaire.

Soit $\alpha^T x \leq \beta$, une *inégalité valide* pour ce problème. On va supposer que $\alpha^T \bar{x} > \beta$.

On va définir le degré de violation d'une *inégalité valide* par la quantité $|\alpha^T \bar{x} - \beta|$. On définit également le renforcement dû par une *inégalité valide* par l'importance de son degré de violation. Considérons respectivement α_w^1 et α_w^2 les coefficients des inégalités LC_0 et LS_0 correspondant au sommet $w \in S_0^S$. Ainsi, dans α^1, l'élément correspondant à w, α_w^1, vaut 2 alors que dans α^2, il vaut 1. D'autre part, les produit scalaires $\alpha'^1 \bar{x} = \alpha_w^1 \bar{x}_w$ et $\alpha'^2 \bar{x} = \alpha_w^2 \bar{x}_w$. Car: $\bar{x}_{w'} = 0 \ \forall \ w' \in V \setminus V_S$, $\bar{y}_{u'v'} = 0 \ \forall \ (u', v') \in E \setminus E_S$ et $\bar{y}_{u'v'} = 0 \ \forall \ (u', v') \in w(S)$. Donc, du fait que $\alpha_w^1 = 2$ et $\alpha_w^2 = 1$, on peut écrire que $|\alpha'^1 \bar{x} - \beta| > |\alpha'^2 \bar{x} - \beta|$, avec $\beta = 0$. D'autre part, $w(S) \subset (E \setminus E_S)$, on a donc $|w(S)| < |E \setminus E_S|$. Ce qui veut dire que le renforcement dû aux LC_0 est plus important que celui dû aux LS_0. Donc, on retiendra que les LC_0 sont plus fortes que les LS_0. □

Par ailleurs, notons qu'il est moins coûteux de produire les inégalités LS_0 que les inégalités LC_0, dans le sens où la procédure 0 nécessite un effort de calcul moindre sur le sous graphe support de la solution optimale fractionnaire que sur le sous graphe induit par S (l'ensemble des sommets du support de la solution optimale fractionnaire). Ceci est dû au fait que le sous graphe support de la solution optimale fractionnaire est beaucoup moins dense que le sous graphe induit par S. Dans les tableaux 5.1 et 5.3, on n'a pas fait apparaître les temps de production de ces *inégalités liftées*, pour la simple raison que, pour la plupart des exemples considérés, avec des graphes de tailles comprises entre 16 et 50, la génération se fait de façon pratiquement instantanée.

c) Résultats obtenus avec des instances de tailles importantes

Dans les tableaux ci-dessous, on a mis en évidence les temps de calcul des inégalités LS_0 et des inégalités LC_0 sur la même serie d'exemples de graphes de tailles 100 et 200 considérés dans le tableau 4.3. Les tableaux se lisent de la façon suivante:
- Dans leur première colonne, on a le nom identifiant le graphe traité, (pour une description de ces graphes, on peut se reporter à l'annexe);
- Dans leur deuxième colonne, il s'agit des nombres de sommets (n_S) et d'arcs (m_S) du sous graphe considéré;
- Dans les troisièmes colonnes, on met en évidence les gains sur le saut d'intégrité ($gain_{LS_0}$ et $gain_{LC_0}$) obtenu, respectivement grâce aux inégalités LS_0 et inégalités LC_0 ;
- Dans les quatrièmes colonnes, on met en évidence le nombre des inégalités LS_0 et LC_0 générées;
- Dans les cinquièmes colonnes, il s'agit des temps mis, (tps_{LS_0} et tps_{LC_0}), en secondes, pour produire les *inégalités valides liftées simples* et de *cocycle*;

Dans les dernières colonnes, on met en évidence respectivement les nombres NC_{S_1} et NC_{S_2} de $s-t$ *chemins élémentaires* des deux types de sous graphes considérés, à savoir le sous graphe support de la solution optimale fractionnaire et le sous graphe induit par l'ensemble des sommets du sous graphe support de la solution optimale fractionnaire.

nom	$(n_S,\ m_S)$	$gain_{LS_0}$ (%)	nbr_{LS_0}	tps_{LS_0}(s)	NC_{S_1}
g100e1	(30,35)	17,64	5	9	5
g100e5	(48,52)	0,87	7	13	5
g100e6	(39,44)	2,61	4	7	5
g100e8	(16,19)	2,94	1	4	5
g100e9	(31,36)	13,30	9	5	5
g100e10	(20,24)	2,27	1	4	5
g100e12	(32,42)	7,73	6	8	5
g100e14	(43,46)	0,90	7	11	5
g100e15	(59,69)	23,07	3	17	3
g100e17	(46,49)	10,72	6	5	5
g200e2	(22,29)	13,79	4	4	5
g200e4	(30,34)	30	1	11	5
dav763	(78,89)	0,5	11	20	9
dav229	(40,44)	4,41	11	21	5
dav33	(85,90)	0	3	52	23
dav194	(52,53)	3,03	4	31	5
dav277	(89,99)	5,36	9	95	30
dav280	(50,55)	4,25	2	16	5

Tableau 5.4: **Temps de calculs des** LS_0 **sur AMD Athlon 2,2 Go, RAM 256 Mo**

nom	(n_S, m_S)	$gain_{LC_0}$ (%)	nbr_{LC_0}	$tps_{LC_0}(s)$	NC_{S_2}
g100e1	(31,47)	100	5	12	5
g100e5	(64,98)	5,26	7	44	16
g100e6	(40,54)	7,70	4	72	170
g100e8	(16,22)	5,88	1	5	12
g100e9	(34,53)	90,00	9	16	10
g100e10	(20,26)	9,09	1	5	8
g100e12	(40,62)	53,33	6	25	39
g100e14	(54,90)	10,34	7	67	19
g100e15	(62,90)	100	1	1200	5210
g100e17	(53,64)	32	5	54	101
g200e2	(22,32)	65,51	4	6	13
g200e4	(30,43)	80	1	15	23
dav763	(78,118)	1	11	230	115
dav229	(40,57)	11,76	11	95	45
dav33	(85,127)	0	1	> 1800	14713
dav194	(52,63)	18,8	4	38	10
dav277	(89,124)	16,90	9	> 1800	960
dav280	(50,75)	12,5	1	58	153

Tableau 5.5: Temps de calculs des LC_0 sur AMD Athlon 2,2 Go, RAM 256 Mo

Commentaires

Dans les tableaux 5.4 et 5.5, on a mis en évidence les temps de calculs nécessaires pour produire respectivement les inégalités LS_0 et les inégalités LC_0. A travers les résultats du premier tableau, on constate bien que la génération des inégalités LS_0 est beaucoup moins coûteuse, avec un temps de calcul maximum égal à 95 secondes pour l'exemple représenté par dav277. Ceci peut s'expliquer par la faible densité des sous graphes sur lesquels se fait la génération des inégalités LS_0. Ce qui se traduit, en prenant en compte tous les exemples, par une moyenne des différences, $m_S - n_S$, égale à 5. En ce qui concerne les inégalités LC_0, en fonction de la taille du sous graphe, ce temps peut être beaucoup plus important. Pour le même exemple dav277, pour pouvoir générer les inégalités LC_0 correspondantes, il a fallu plus d'une heure de temps d'exécution. Ceci peut s'expliquer par le fait que la taille du sous graphe (induit par l'ensemble des sommets S) de dav277 est aussi importante que le graphe lui même. En dépit de cela, remarquons que comparativement aux résultats du tableau 4.3 du chapitre précédent, avec moins de temps de calculs, on arrive à générer des inégalités LS_0 et LC_0, avec des renforcements assez significatifs. En plus, les résultats des tableaux 5.4 et 5.5 confirment bien la proposition 5.3 qui dit que les inégalités LC_0 sont plus fortes que les inégalités LS_0. En effet, sur toutes les lignes des tableaux, on a $gain_{LC_0} \geq gain_{LS_0}$. Notons que pour les mêmes instances de graphes de tailles 100 et 200, on peut éventuellement combler le saut d'intégrité en procédant de manière itérative comme on l'a décrit dans la sous-section a) prcdente. D'où les résultats du tableau 5.6.

- Dans la première colonne du tableau suivant, on a l'identifiant du graphe testé;

- Dans la deuxième colonne jusqu'à la onzième, il s'agit du gain sur le saut d'intégrité en pourcentage obtenu à l'issue de chaque itération i, i allant de 1 à 10. Il est noté par gap_{c_i};

- Dans la douzième colonne, on a le total des sauts d'intégrité (gaps) comblés, ($total_g$), résultant au bout des dix itérations;

- La treizième colonne montre, pour chaque instance, le nombre d'inégalités LS_0 (#ineq) générées pour renforcer la relaxation linéraire $\overline{FC}_1$;

- Dans la dernière colonne, il s'agit du nombre d'itérations ($nbrit$) qu'il a fallu pour obtenir $total_g$.

nom	gap_{c_1}	gap_{c_2}	gap_{c_3}	gap_{c_4}	gap_{c_5}	gap_{c_6}	gap_{c_7}	gap_{c_8}	gap_{c_9}	$gap_{c_{10}}$	$total_g$	#ineq	nbrit
g100e1	17,64	11,76	10,29	4,41	5,14	44,85	5,88	1,75	-	-	100	28	7
g100e5	0,87	0,87	0,87	3,5	0,87	0,87	0,87	1,38	0,87	0,87	12,21	74	10
g100e6	2,46	1,38	2	0,30	1,53	2,46	1,38	-	0,46	0,77	14,12	42	10
g100e8	2,94	67,64	2,94	26,47	-	-	-	-	-	-	100	4	4
g100e9	50	5	4,2	40,8	-	-	-	-	-	-	100	36	4
g100e10	9,09	4,54	0,73	19,09	1,45	4,54	3,09	0,36	57,09	-	100	9	9
g100e12	7,73	10,13	3,86	0,66	30,93	-	-	-	-	-	53,31	30	5
g100e14	0,90	2,55	0	0,34	6,55	1,17	5,51	1,72	1,10	0	19,84	70	10
g100e15	23,07	24,30	12,62	1,54	2,62	20,46	3,07	11,23	1,07	-	100	27	9
g100e17	10,72	5,28	0	4	2	1	2,16	0,24	2,64	3,6	31,64	60	10
g200e2	65,31	1,07	3,38	30,23	-	-	-	-	-	-	100	20	4
g200e4	30	10	10	3,4	46,44	-	-	-	-	-	100	5	5
daw763	0,50	1,00	0	0,11	0,27	0,98	0,12	0,07	0,02	0,04	3,11	98	10
daw229	4,41	1,47	1,47	0,73	2,95	3,68	0,27	1,94	1,47	0,56	18,94	110	10
dav33	0	0	0	1,23	1,33	0	0	0	0	0	2,56	30	10
dav194	3,03	1,51	3,03	3,58	4,54	25,21	0	0	0	0	40,90	40	10
dav277	5,40	3,69	0	1,18	9,73	0,45	0,91	1,36	0	0	22,72	90	10
daw280	4,25	2,00	4,25	10,50	2,50	1,50	0	0	0	0,75	25,75	20	10

Tableau 5.6: Résultats obtenus en itérant la génération des LS_0

Commentaires

Les résultats du tableau 5.6 ci-dessus montrent qu'au bout d'un certain nombre d'itérations de génération des inégalités LS_0, il est possible de combler 100% du saut d'intégrité dans une proportion importante d'instances. En considérant le premier exemple représenté par g100e1, il s'agit d'un exemple dont le saut d'intégrité relatif vaut 20% (cf. tableau 4.3 du chapitre 4). Au bout de 7 itérations de génération des inégalités LS_0, on réduit le saut d'intégrité relatif à 0. Il existe des exemples pour lesquels au bout des 10 itérations, on est loin d'annuler le saut d'intégrité relatif. On peut citer les exemples représentés par g100e5 et g100e6. Pour ces exemples, au bout des 10 itérations, on réduit respectivement le saut d'intégrité relatif de 12,21% et 14,12%. Il s'agit d'exemples dans lesquels la progression, en terme de gain sur le saut d'intégrité, est lente. Cependant, on espère combler le saut d'intégrité en procédant à plusieurs itérations. Pour accélérer la progression, on peut appliquer la même technique sur des inégalités LC_0, car les inégalités LC_0 sont plus fortes que les inégalités LS_0. On ne va pas présenter de tableau de résultats mettant en évidence plusieurs itérations de génération des inégalités LC_0, pour la simple raison que sur des graphes de taille assez importante la génération des inégalités LC_0 peut prendre des temps de calcul très importants. Notons que les tirets (-) avec $total_g < 100\%$ correspond à une situation où la méthode ne peut plus générer de nouvelles *inégalités liftées* LS_0, parce qu'il n'y a plus de "sommets 0" ni d'"arcs 0" dans le sous graphe support de la solution optimale fractionnaire. De plus, empiriquement on constate que l'identification des "sommets 0" et "arcs 0" sur le sous graphe support de la solution fractionnaire ne tend pas à devenir plus difficile au cours des itérations. En effet, le renforcement du modèle $\overline{FC1}$ grâce aux *inégalités liftées* correspond à l'ajout et/ou la suppression de quelques arcs dans le sous graphe support de la solution fractionnaire. Cette opération n'augmente pas sensiblement la difficulté de la génération des "sommets 0" et "ars 0".

Dans le paragraphe suivant, on va introduire une forme désaggrée des inégalités LC_0 qu'on va noter LCD_0.

Proposition 5.4. Soit S l'ensemble des sommets du support de la solution optimale fractionnaire. Soit $G_S = (V_S, E_S)$ comme le sous graphe induit par S. Désignons respectivement par $w^+(S)$ les arcs sortants du cocycle de S et par $w^-(S)$ les arcs entrants du cocycle de S. Soit (S_0^S, A_0^S), un couple de sous ensembles de sommets et d'arcs de G_S. Si l'inégalité

$$\sum_{w \in S_0^S} x_w + \sum_{(u,v) \in A_0^S} y_{uv} \leq 0 \tag{5.8}$$

est valide pour le polytope des *s-t chemins élémentaires* associé à $G_S = (V_S, E_S)$, alors les inégalités

$$x_w - \sum_{(u',v')\in w^+(S)} y_{u'v'} \leq 0 \qquad \forall w \in S_0^S \tag{5.9}$$

$$x_w - \sum_{(u',v')\in w^-(S)} y_{u'v'} \leq 0 \qquad \forall w \in S_0^S \tag{5.10}$$

$$y_{uv} - \sum_{(u',v')\in w^+(S)} y_{u'v'} \leq 0 \qquad \forall (u,v) \in A_0^S \tag{5.11}$$

$$y_{uv} - \sum_{(u',v')\in w^-(S)} y_{u'v'} \leq 0 \qquad \forall (u,v) \in A_0^S \tag{5.12}$$

sont valides pour le polytope $\mathcal{P}$ des *s-t chemins élémentaires* associé à G tout entier. En plus, elles sont *coupantes*. D'autre part, en sommant d'une part les inégalités (5.9) et (5.10), et d'autre part (5.11) et (5.12), on obtient respectivement les *inégalités valides liftées* de *cocycle* (5.6) et (5.7), alors on va désigner ces dernières inégalités par les *inégalités valides de cocycle désaggrégées* d'ordre 0. On note par (LCD_0).

Preuve. Les inégalité (5.9) sont valides, car tout *s-t chemin élémentaire*, auquel appartient le sommet $w \in S_0^S$, doit passer au moins par un arc sortant du cocycle de S. De même les inégalités de la forme (5.10) sont valides, car tout *s-t chemin élémentaire*, auquel appartient le sommet $w \in S_0^S$, doit passer au moins par un arc entrant du cocycle de S. En plus toutes ces inégalités sont *coupantes*. En effet, tous les termes de l'inégalité sont nuls, sauf la variable associée au sommet $w \in S_0^S$. Pour la démonstration de la validité des inégalités (5.11) et (5.12), l'argument est similaire. □

Remarque.
Les résultats numériques présentés avec les *inégalités valides liftées* de *cocycle* (LC) dans ce chapitre ont été obtenus avec la forme agrégée de ces inégalités.

5.2.2 Lifting d'*inégalités valides* d'ordre 1

a) Les *inégalités valides liftées simples* d'ordre 1 (LS_1)

Dans cette partie, on verra que la même technique de *lifting*, vue pour l'ordre $k = 0$, s'applique aussi pour l'ordre $k = 1$. Les *inégalités valides* d'ordre 1 associées à un sous graphe peuvent être étendues sans difficulté au graphe tout entier. D'où la proposition suivante qui concerne les inégalités LS_1.

Proposition 5.5. Soit $G_S = (V_S, E_S)$, le sous graphe support de la solution optimale fractionnaire. Soit (S_1^S, A_1^S), un couple de sous ensembles de "sommets 1" et d'"arcs 1" de $G_S = (V_S, E_S)$. Soit $I_1 = \{(\theta_i, \theta_j) : z_{\theta_i} + z_{\theta_j} \leq 1, i \neq j\}$, l'ensemble des couples de "sommets 1" et/ou "arcs 1" qu'on peut former avec les éléments de S_1^S et A_1^S. Si $\theta_i \in S_1^S$, on pose $\theta_i = w$ et $z_{\theta_i} = x_w$. Dans le cas où $\theta_i \in A_1^S$, on pose $\theta_i = (u, v)$ et $z_{\theta_i} = y_{u,v}$.
Les inégalités

$$z_{\theta_i} + z_{\theta_j} \leq 1 \quad \forall \; (\theta_i, \theta_j) \in I_1, \; i \neq j, \tag{5.13}$$

sont valides pour le polytope des *s-t chemins élémentaires* associé à $G_S = (V_S, E_S)$. Alors, les inégalités

$$z_{\theta_i} + z_{\theta_j} - \sum_{(u',v') \in E \setminus E_S} y_{u'v'} \leq 1 \quad \forall \; (\theta_i, \theta_j) \in I_1, \; i \neq j, \tag{5.14}$$

sont valides pour le polytope $\mathcal{P}$ des *s-t chemins élémentaires* associé à G. On va les désigner par les *inégalités valides liftées simples* d'ordre 1 (LS_1). La preuve de la validité des (LS_1) est analogue à celle concernant les (LS_0). Les résultats du tableau ci-dessous montrent l'impact des inégalités LS_1 relativement au renforcement de la relaxation linéaire $\overline{FC1}$. Le tableau suivant a été obtenu selon le même principe utilisé pour le tableau 5.1, sauf qu'au lieu des inégalités LS_0, on a utilisé des inégalités LS_1.

nom	$(n_S, \; m_S)$	z_{PCC}^*	$(z_{\overline{FC1}}^*)$	$z_{LS_1}^*$	$gain_{LS_1}$ (%)
ess222	(16,19)	- 50	- 55,5	- 53,6	34,54
ess220	(11,15)	- 47	- 59,5	- 47	100
ess65	(13,16)	- 63	-68,5	- 63	100
ess998	(12,15)	-34	-37	- 36,25	25
al84	(22,25)	- 78	- 89,5	- 86,50	26,08
al69	(15,18)	- 57	- 60,5	- 59,5	28,57
al36	(15,19)	- 10	- 17	- 14,5	35,71
mk95	(21,25)	- 40	- 48	- 43	62,5
mk395	(23,30)	- 55	- 57,5	- 56,83	26,80
mk758	(22,24)	- 34	- 38,5	- 37	33,33
mk770	(19,22)	- 35	- 39	- 35	100
bn333	(33,39)	- 110	- 113,5	- 111,5	57,14
bn268	(23,25)	- 25	- 36,5	- 34	21,73
grill41	(44,51)	- 125	- 165	- 165	0

Tableau 5.7: Renforcement dû aux *inégalités liftées simples* d'ordre 1

Commentaires
Ce tableau se commente comme le tableau 5.1. Les résultats de ce tableau

concernent une seule itération de génération d'inégalités LS_1. Remarquons que pour l'exemple représenté sur la dernière ligne du tableau ci dessus, on constate que le recours aux inégalités LS_1 ne réduit pas le saut d'intégrité. En effet pour cet exemple, $gain_{LS_1} = 0$. Comme on l'a fait pour les inégalités LS_0 (cf. tableau 5.2), à chaque fois que cela est possible, on peut procéder à des renforcements itératifs de $\overline{FC1}$ par des inégalités LS_1.

b) Les *inégalités valides liftées* de *cocycle* d'ordre 1 (LC_1)

La proposition suivante concerne les *inégalités valides liftées* de *cocycle* pour un ordre $k = 1$.

Proposition 5.6. Soit $G_S = (V_S, E_S)$, le sous graphe induit par l'ensemble S. Soit (S_1^S, A_1^S), un couple d'ensembles de "sommets 1" et d'"arcs 1" de $G_S = (V_S, E_S)$. Soit $I_1 = \{(\theta_i, \theta_j) : z_{\theta_i} + z_{\theta_j} \leq 1, i \neq j\}$, l'ensemble des couples de "sommets 1" et/ou "arcs 1" qu'on peut former avec les éléments de S_1^S et A_1^S. Si $\theta_i \in S_1^S$, on pose $\theta_i = w_i$ et $z_{\theta_i} = x_{w_i}$. Dans le cas où $\theta_i \in A_1^S$, on pose $\theta_i = (u_i, v_i)$ et $z_{\theta_i} = y_{u_i, v_i}$. Notons par $w(S)$ le cocycle de S. Si les inégalités

$$z_{\theta_i} + z_{\theta_j} \leq 1 \quad \forall\ (\theta_i, \theta_j) \in I_1,\ i \neq j, \tag{5.15}$$

sont valides pour le polytope des *s-t chemins élémentaires* associé à $G_S = (V_S, E_S)$, alors les inégalités

$$z_{\theta_i} + z_{\theta_j} - \sum_{(u', v') \in w(S)} y_{u'v'} \leq 1 \quad \forall\ (\theta_i, \theta_j) \in I_1,\ i \neq j, \tag{5.16}$$

sont valides pour le polytope $\mathcal{P}$ des *s-t chemins élémentaires* associé au graphe initial G. On va les désigner par les *inégalités valides liftées* de *cocycle* d'ordre 1 (LC_1).

La preuve de la validité des LC_1 est analogue à celle concernant les LC_0. Dans le tableau suivant, on a les résultats mettant en évidence les renforcements obtenus grâce aux inégalités LC_1:

nom	(n_S, m_S)	z^*_{PCC}	$\left(z^*_{\overline{FC1}}\right)$	$z^*_{LC_1}$	$gain_{LC_1}$ (%)
ess222	(16,19)	- 50	- 55,5	-	-
ess220	(11,15)	- 47	- 59,5	- 47	100
ess65	(13,16)	- 63	-68,5	-	-
ess998	(12,15)	- 34	-37	- 35,5	50
al84	(22,25)	- 78	- 89,5	- 86,5	26,08
al69	(15,18)	- 57	- 60,5	- 59,5	28,57
al36	(15,19)	- 10	- 17	- 10	100
mk95	(21,25)	- 40	- 48	- 40	100
mk395	(23,30)	- 55	- 57,5	- 56,5	40
mk758	(22,24)	- 34	- 38,5	- 34	100
mk770	(19,22)	- 35	- 39	- 35	100
bn333	(33,39)	- 110	- 113,5	-110	100
bn268	(23,25)	- 25	- 36,5	- 34	21,73
grill41	(44,51)	- 125	- 165	- 165	0

Tableau 5.8: Renforcement dû aux *inégalités liftées* de *cocycle* d'ordre 1

Commentaires

Ce tableau se lit et se commente comme le tableau 5.3. Les résultats de ce tableau ont été obtenus à l'issue d'une seule itération de génération d'inégalités LC_1. Comme dans le cas des LC_0, en comparant les gains sur le saut d'intégrité des tableaux 5.7 et 5.8, on a toujours $gain_{LC_1} \geq gain_{LS_1}$. D'autre part, on peut définir les *inégalités valides liftées de cocycle désagrégées* d'ordre 1 (LCD_1) de la même façon qu'on l'a fait pour les inégalités LCD_0 dans la proposition 5.4. Ainsi, comme on l'a prouvé pour les inégalités liftées d'ordre 0, on peut montrer que les inégalités LC_1 sont plus fortes que les inégalités LS_1.

5.2.3   Généralisation: lifting d'*inégalités valides* d'ordre k ($k > 1$)

Dans cette partie, nous montrons que, au moins conceptuellement, la technique de *lifting* précédente se généralise à un ordre k quelconque (notons que d'un point de vue pratique, l'applicabilité reste néanmoins limitée par la difficulté de la génération des inégalités IV_k).

Proposition 5.7. Les *inégalités valides liftées simples* d'ordre k ($k > 1$)
Soit $G_S = (V_S, E_S)$, le sous graphe support de la solution optimale fractionnaire. Soit (S^S_k, A^S_k), un couple d'ensembles de "sommets k" et d'"arcs k" de $G_S = (V_S, E_S)$. Soit $I_k = \{(\theta_1, \theta_2, ..., \theta_{k+1}) : z_{\theta_1} + z_{\theta_2} + ... + z_{\theta_{k+1}} \leq k\}$, l'ensemble des (k+1)-uplets de "sommets k" et/ou d'"arcs k" qu'on peut former avec les éléments de S^S_k et A^S_k. Si $\theta_i \in S^S_k$, on pose $\theta_i = w_i$ et $z_{\theta_i} = x_{w_i}$. Dans le cas où $\theta_i \in A^S_k$, on pose $\theta_i = (u_i, v_i)$ et $z_{\theta_i} = y_{u_i, v_i}$.

Si les inégalités

$$z_{\theta_1} + z_{\theta_2} + ... + z_{\theta_{k+1}} \leq k \qquad \forall \ (\theta_1, \theta_2, ..., \theta_{k+1}) \in I_k \qquad (5.17)$$

sont valides pour le polytope des *s-t chemins élémentaires* associé à $G_S = (V_S, E_S)$, alors les inégalités

$$z_{\theta_1} + z_{\theta_2} + ... + z_{\theta_{k+1}} - \sum_{(u,v) \in E \backslash E_S} y_{uv} \leq k, \ \forall \ (\theta_1, \theta_2, ..., \theta_{k+1}) \in I_k \quad (5.18)$$

sont valides pour le polytope des *s-t chemins élémentaires* associé à G. On va les désigner par les *inégalités valides liftées simples* d'ordre k (LS_k). L'idée de la preuve de la validité des (LS_k) est analogue à celles des LS_0 et des LS_1.

Proposition 5.8. Les *inégalités valides liftées* de *cocycle* d'ordre k($k > 1$) Soit $G_S = (V_S, E_S)$, le sous graphe induit par l'ensemble S. Soit (S_k^S, A_k^S), un couple d'ensembles de "sommets k" et d'"arcs k" de $G_S = (V_S, E_S)$. Soit $I_k = \{(\theta_1, \theta_2, ..., \theta_{k+1}) : z_{\theta_1} + z_{\theta_2} + ... + z_{\theta_{k+1}} \leq k\}$, l'ensemble des (k+1)-uplets de "sommets k" et/ou d'"arcs k" qu'on peut former avec les éléments de S_k^S et A_k^S. Si $\theta_i \in S_k^S$, on pose $\theta_i = w_i$ et $z_{\theta_i} = x_{w_i}$. Dans le cas où $\theta_i \in A_k^S$, on pose $\theta_i = (u_i, v_i)$ et $z_{\theta_i} = y_{u_i, v_i}$. Notons par $w(S)$ le cocycle de S. Si les inégalités

$$z_{\theta_1} + z_{\theta_2} + ... + z_{\theta_{k+1}} \leq k \qquad \forall \ (\theta_1, \theta_2, ..., \theta_{k+1}) \in I_k \qquad (5.19)$$

sont valides pour le polytope des *s-t chemins élémentaires* associé à $G_S = (V_S, E_S)$, alors les inégalités

$$z_{\theta_1} + z_{\theta_2} + ... + z_{\theta_{k+1}} - \sum_{(u',v') \in w(S)} y_{u'v'} \leq k \quad \forall \ (\theta_1, \theta_2, ..., \theta_{k+1}) \in I_k (5.20)$$

sont valides pour le polytope des *s-t chemins élémentaires* associé à G. On va les désigner par les *inégalités valides liftées* de *cocycle* d'ordre k (LC_k). D'autre part, on peut étendre à l'ordre $k > 1$ la notion d'*inégalités valides liftées de cocycle désagrégées*.

5.3 Conclusion

Dans ce chapitre, on a présenté une technique de *lifting* d'*inégalités valides* pour le polytope des *s-t chemins élémentaires* associé à un sous graphe (déduit du support de la solution fractionnaire). Pour produire ces *inégalités valides* sur le sous graphe, on s'est servi des procédures 0 et 1 du chapitre précédent. Une telle approche est justifiée en pratique par le fait que le sous-graphe considéré contient généralement un nombre relativement réduit de *chemins élémentaires* entre s et t comparativement au graphe tout entier. Ainsi, pour chaque ordre, on a produit deux types d'*inégalités valides liftées*, à savoir celles désignées sous le nom d'*inégalités valides liftées simples* et d'*inégalité valides liftées* de *cocycle*. La mise en oeuvre de ces *inégalités liftées* est beaucoup moins coûteuse comparativement à une *inégalité valide* d'ordre k. Pour s'en convaincre, il suffit de comparer les résultats du tableau 4.3 (du quatrième chapitre) à ceux des tableaux 5.4 et 5.5. On montre de plus qu'en procédant de façon itérative à des renforcements par ces *inégalités liftées*, on peut obtenir des améliorations supplémentaires souvent très importantes. Ainsi, les résultats du tableau 5.6 montrent que sur une série d'exemples de graphes peu denses de tailles atteignant 200 sommets, en moins de dix itérations, on arrive à obtenir la solution optimale entière pour plus de 50% des exemples considérés. Rappelons (cf. chap.2 section 2.6) que les séries d'exemples utilisés pour mener à bien les expérimentations décrites dans ce chapitre ont été constituées en selectionnant, parmi un ensemble beaucoup plus important d'instances générées aléatoirement, les instances présentant un saut d'intégrité important (relativement à la formulation compacte du chapitre 2, section 2.3).

Chapter 6

Conclusion Générale

Dans cet ouvrage, on s'intéresse au problème du plus court chemin, (pcc), dans les graphes orientés avec des *circuits absorbants*. On a vu qu'il existe plusieurs variantes de ce problème. En général, il s'agit d'un problème difficile. Rappelons que les quelques cas d'algorithmes polynomiaux, dont on dispose pour résoudre ce problème échouent dans les graphes comportant des *circuits absorbants* (circuits de longueur strictement négative). C'est dans ce contexte que, dans le deuxième chapitre de ce travail, on a introduit deux formulations linéaires du problème du plus court chemin entre deux sommets donnés (pcc_1). La première formulation, dite "non compacte" (FNC), est de style classique, car elle s'inspire de la formulation du problème de voyageur de commerce dans le cas orienté. Elle est dite "non compacte", car elle comporte un nombre exponentiel de contraintes. La deuxième est un modèle de flots à variables mixtes. Elle comporte un nombre polynomial de variables et de contraintes. Il s'agit donc d'une formulation compacte du problème du plus court chemin, notée (FC). Nos expérimentations ont montré que la relaxation linéaire de la formulation "compacte" est en moyenne sensiblement plus forte que celle de la formulation non compacte. Pour la suite de notre étude, nous allons donc résoudre le problème pcc_1 en passant par la résolution de la formulation "compacte" ((FC)).

Dans le chapitre 3, on a mis en évidence une importante famille d'*inégalités valides* pour le modèle FC qu'on a nommées *inégalités valides* d'ordre k (IV_k), k étant un entier. Ces inégalités, lorsqu'elles ne procurent pas un renforcement suffisant pour fournir la solution optimale entière du modèle FC, peuvent être exploitées pour améliorer l'efficacité de procédures de *Branch and Bound*.

Dans le chapitre 4, on s'est intéressé à la séparation des *inégalités valides* d'ordre k, principalement pour $k = 0$ et $k = 1$. On a montré que le problème de séparation des *inégalités valides* d'ordre $k = 0$ et $k = 1$ est potentiellement difficile. Cependant, on a vu que l'algorithme de Floyd-Warshall pour le problème des plus courts chemins peut être utilisé pour générer des *inégalités valides* d'ordre 1 de la forme $x_a + x_b \leq 1$. D'autre part, les résultats expérimentaux ont prouvé l'efficacité de ces inégalités mesurée par le pourcentage du saut d'intégrité initial qu'elle permettent de combler grâce à leur introduction dans le modèle. Il faut, cependant, noter que sur des instances de tailles importantes, le temps de génération des inégalités IV_k pourrait devenir très important. Ceci trouve son explication par le fait qu'on a utilisé, pour les générer, des algorithmes basés sur l'énumération de tous les *s-t chemins élémentaires* dans un graphe. Ces algorithmes sont peu applicables dans la pratique, sauf dans les cas où les graphes traités sont de tailles réduites et contiennent un nombre limité de chemins élémentaires.

C'est dans ces conditions que dans le dernier chapitre de ce document, on a étudié des techniques plus efficaces de génération d'*inégalités valides* d'ordre k. Ces techniques se fondent sur du *lifting* d'inégalités localement valides relativement à un sous graphe. Ceci a permis de proposer deux types d'*inégalités valides* qu'on a désignées par *inégalités valides liftées simples* et *inégalités valides liftées* de *cocycle*. Les résultats obtenus pour $k = 0$ et $k = 1$ montrent l'efficacité de ces *inégalités liftées* relativement aux gains sur le saut d'intégrité qu'elles engendrent. Il faut également noter que les temps de génération de ces *inégalités liftées* sont beaucoup moins importants. Ce qui a permis de traiter des problèmes de taille relativement importante (jusqu'à 200 sommets). Compte tenu du fait que l'opération de *lifting* est relativement peu coûteuse pour les *inégalités liftées simples*, en procédant à plusieurs itérations de renforcement par ces inégalités, on peut considérablement réduire le saut d'intégrité moyennant un volume de calcul limité.

De nombreuses questions restent encore ouvertes pour d'autres travaux de recherche. C'est ainsi que dans le deuxième chapitre de ce document, pour comparer expérimentalement les relaxations linéaires des deux formulations de pcc_1, à savoir les formulations compacte (FC) et non compacte (FNC), on a testé des graphes d'ordre maximum allant jusqu'à 25. Et ceci est dû au caractère non compact de la formulation FNC. Rappelons, en effet, que le nombre de contraintes dites d'*élimination des circuits* dans la formulation non compacte (FNC) croît exponentiellement en fonction de la taille du problème. Face à cette problématique, afin de pouvoir tester des graphes de taille plus importante, il serait intéressant d'envisager une étude sur le problème de *séparation* de la contrainte d'*élimination du circuit* la plus violée. Ce qui correspond à déterminer $max(\frac{\sum_{i \in \gamma} \bar{x}_i}{|\gamma| - 1} \; \forall \gamma \in \Gamma)$, Γ étant l'ensemble des circuits dans le graphe considéré G et $\bar{x}$, la valeur de la solution optimale fractionnaire de la formulation non compacte.

D'autre part, du fait que le problème de la *séparation* des *inégalités valides* d'ordre k (IV_k), (k entier) est difficile à résoudre, on s'est limité dans les expérimentations aux *inégalités valides* d'ordre 0 et 1. Il serait donc intéréressant de poursuivre l'étude de ces inégalités pour un ordre $k > 1$, afin de déterminer si elles peuvent se révéler également efficaces en pratique.

Concernant l'étude des propriétés polyédrales, on a montré que les inégalités IV_0, en dépit de leur efficacité pratique, ne constituent pas des facettes, et on a prouvé une condition nécessaire pour laquelle les inégalités IV_1 sont des facettes. Pour un k quelconque, une étude des conditions dans lesquelles les *inégalités valides* d'ordre k définissent des *facettes* de l'enveloppe convexe des *chemins élémentaires* constitue un axe important de recherches futures.

D'autres travaux peuvent également être envisagés, en particulier:
- sur la conception et la mise en oeuvre de méthodes heuristiques de *séparation*;
- sur l' étude de cas particuliers pour lesquels la *séparation* peut être réalisée efficacement soit sur le graphe support de la solution fractionnaire, soit sur le graphe initial.

Enfin, si on dispose à l'avenir, (par exemple sur des classes particulières de graphes), d'algorithmes efficaces de séparation des *inégalités valides liftées* pour des problèmes de grande taille, le facteur dimensionnant du calcul sera la résolution du programme linéaire continu de la formulation compacte (FC). Comme la matrice des contraintes de FC est fortement structurée (décomposable par blocs), alors il sera intéressant d'étudier des techniques de décomposition spécifiques permettant une résolution plus efficace.

Bibliographie

M. Baïou, A. R. Mahjoub, The steiner traveling saleman polytope and related polyhedra, *SIAM J. optim*, 13 (2002), 498-507.

E. Balas, Disjunctive programming, *Annals of Discrete Mathematics*, 5 (1979), pp. 3-51.

E. Balas, The prize collecting traveling salesman problem, *Networks*, 19 (1989), pp. 621-636.

E. Balas, The asymmetric assignment problem and new facets of the asymmetric traveling salesman polytope on a directed graph, *SIAM J. on Discrete Mathematics*, 2 (1989), pp.425-451.

E. Balas, S.Ceria, G.Cornuéjols, A lift and project cutting plane algorithm for mixed 0-1 programs, *Mathematical Programming*, 58 (1993), pp.295-324.

E. Balas, M.Fischetti, A lifting procedure for the asymmetric traveling salesman polytope and a large new class of facets, *Mathematical Programming*, 58 (1993), pp.325-352.

E. Balas, H.Samuelson, A node covering algorithm, *Naval Research Logistics Quartely*, 24 (1977), pp. 213-233.

E. Balas and E.Zemel. Facets of the knapsack polytope from minimal covers, *SIAM journal on applied mathematics*, 34: 119 - 148, 1978.

E. Balas, Facets of the knapsack polytope, *Mathematical Programming*, 8 (1975), pp.146-164.

F. Barahona and A.R.Mahjoub, On the two connected subgraph polytopes, *Discrete Mathematics*, 147 (1995), pp.19-34.

R. Bellman, On routing problem. Q. Appl. Math. 16, (1958), pp. 87-90

P. Bonami, Etude et mise en oeuvre d'approches polyédriques pour la résolution de programmes en nombres entiers ou mixtes généraux. *Thèse de doctorat*, Université Pierre et Marie Curie, Paris 6, (2003).

P. Bonami, M. Minoux, Using rank-1 lift and project closures to generate cuts for 0-1 MIP, a computational investigation, *Discrete Optimization*, 2 (2005), pp. 288-307.

A. A Chaves, L. A. N Lorena, Hybrid algorithms with detection of promising areas for the prize collecting traveling salesman problem, *Proceeding Los Alamitos, California International Conference on Hybrid Intelligent Systems, IEEE Computer Society* (2005), pp. 49-54.

S. Chopra, M. R. Rao, The steiner tree problem I: Formulations, compositions and extensions of facets, *Mathematical Programming*, 64 (1994), pp. 209-229.

S. Chopra, M. R. Rao, The steiner tree problem II: Properties and classes of facets, *Mathematical Programming*, 64 (1994), pp. 231-246.

G. Cornuéjols, Y. Li, Elementary closures for integer programs, *Operations Research Letters*, 28 (2001), pp. 1-8.

H. P. Crowder, E. L. Johnson and M. Padberg. Solving large-scale zero-one linear programming problems. *Operations Research*, 31 (1983), pp. 803-834.

G. B. Dantzig. All shortest routes in a graph. *Théorie des graphes*, pp. 91-92, Paris, 1966.

M. Dell'Amico, F. Maffioli, A. Sciomanchen, A lagrangian heuristic for the prize collecting traveling salesman problem, *Operations Research* 81 (1998), pp. 289-305.

E. W. Dijkstra, A note on two problems in connexion with graphs. Numer. Math. 1, (1959), pp. 269-271

L. Di Puglia Pugliese, F. Guerriero, On the shortest path problem with negative cost cycles. Technical Report n 5/10, 2010, LOGICALaboratory, University of Calabria, Italy (2010)

F. Eisenbrand, On the membership problem for the elementary closure of polyhedron, *Combinatorica*, 19 (2), 1999.

D. Feillet, P. Dejax, M. Gendreau, Traveling salesman problem with profits, *Transportation science*, 2 (39), (2005), pp. 188-205.

M. Fischetti, P. Toth, An additive approach for the optimal solution of the prize collecting traveling salesman problem, *Vehicle Routing: Methods and Studies*, (1988), pp. 319-343.

R. W Floyd. Algorithm 97 (Shortest Path), *Communications of the ACM*, 5 (6), (1962), pp. 345.

L. R. Ford, Networks flow theory. Paper P-923, The RAND Corporation, Santa Monica, California, [August 14] (1956)

S. Fortune, J. Hopcroft, J. Wyllie, The directed subgraph homeomorphism problem, *Theoret. Comput. Sci*, 10 (1980), pp.111-121.

M. L. Fredman, R. E. Tarjan, Fibonacci heaps and their uses in improved network optimization algorithm, *Journal of the ACM*, 34 (3) (1987), pp. 596-615.

V. Gabrel, M. Minoux, A scheme for exact separation of extended covers inequalities and application to multidimensionnal knapsack problems, *Operations Research Letters*, 30:252-264,2002.

V. Gabrel, A. Knippel, M. Minoux, Exact solution of multicommodity network optimization problems with general step cost functions, *Operations Research Letters*, 25 (1999), pp. 252-264.

G. Gallo, S. Pallottino, shortest path algorithms, *Annals of operations research*, 13 (1), (1988), pp. 1-79.

M. Garey, D. Johnson, Computer and Intractability: a guide to the theory of NP-completeness, *Freeman*, San Francisco, 1979.

M. X. Goemans, D. P. Williamson, A general approximation for constrained forest problems, *SIAM Journal On Computing*, 24(2), (1995), pp. 296-317.

M. X. Goemans, The steiner tree polytope and related polyhedra, *Mathematical Programming*, 63 (1994), pp.157-182.

Gnu linear programming kit (Glpk), http://www.gnu.org/software/glpk/
R. E. Gomory, Solving linear programming problems in integer, *Proceeding of Symposia in Applied Mathematics*, 10 (1960), pp.211-216, Providence.

R. E. Gomory, An algorithm for integer solution to linear programming, *Recent Advances in Mathematical Programming*, pp.269-302, New York, 1963.

R. E. Gomory, An algorithm for mixed integer problem, *Technical Report RM-2597*, The RAND Cooperation, 1960.

M. Gondran, M. Minoux, Graphes et algorithmes, *Collection Direction d'EDF*, Paris, 1995.

Z. Gu, G. L. Nemhauser, M. W. P. Savelsbergh, Lifting cover inequalities for 0-1 integer programs: computation, *INFORMS Journal on Computing*, 10 (1998), pp.427-438.

Z. Gu, G. L. Nemhauser, M. W. P. Savelsbergh, Sequence independent lifting in mixed integer programming, *Journal of combinatorial optimization*, 4 (2000), pp.109-129

U. I. Gupta, D. T. Lee J. Y. T. Leung, Efficient algorithms for interval graphs and circular-arc graphs, *Network*, 12 (1982), pp. 459-467.

M. S. Ibrahim, Résolution du problème du plus court chemin dans les graphes absorbants, *Master's Thesis DEA-IRO*, Univ. Paris 6, Sept 2002.

M. S. Ibrahim, Etude de formulations et inégalités valides pour le problème du plus court chemin dans les graphes avec des circuits absorbants. Thèse de doctorat, Université Pierre et Marie Curie, Paris 6, (2007)

M. S. Ibrahim, N.Maculan, M.Minoux, A strong flow-based formulation for the shortest path problem in digraphs with negative cycles, *Intl. Trans. in Op. Res. (ITOR)*, 16 (2009) pp. 361-369.

M. S. Ibrahim, The prize collecting shortest path problem in digraphs, *Proceeding of international symposium on operational research and applications*, (2013), pp. 58-68, Marrakesh.

M. S. Ibrahim, N.Maculan, M.Minoux, A note on the NP-hardness of the separation problem on some valid inequalities for the elementary shortest path problem, *Pesquisa Operacional*, (2014) 34(1): pp. 117-124.

M. S. Ibrahim, N.Maculan, M.Minoux, Valid inequalities and lifting procedures for the shortest path problem in digraphs with negative cycles, *Optimization Letters*, (2015) 9: pp. 345-357.

R. Kopf, G. Ruhe, A computational study of the weighted independent set problem for general graphs, *Found. Control Engin*, 12 (1987), pp. 167-180.

N. Maculan, The Steiner problem in graphs, *Annals of Discrete Mathematics*, 31 (1987), pp. 185-212.

N. Maculan, G. Plateau, A. Lisser, Integer linear models with a polynomial number of variables and constraints for some classical combinatorial optimization problems, *pesquisa operational*, Rio de Janeiro, 23 (2003), pp. 161-168.

H. Marchand, A. Martin, R. Weismantel, L. A. Wolsey, Cutting planes in integer and mixed integer programming, *Discrete Applied Mathematics*, 123 (2002), pp.397-446

K. Mehlhorn, V. Priebe, G. Schafer, N. Sivadasan, All-pairs shortest paths computation in the presence of negative cycles. *Inf. Process. Lett.* 81, (2002), pp. 341-343

M. Minoux, Discrete cost commodity network optimization problem and exact solution methods, *Annals of Operations research*, 106 (2001), pp.19-46.

M. Minoux, Programmation mathématique, 2e édition Lavoisier, Paris, 2008.

M. Minoux, H. Ouzia, DRL* : a Hierarchy of Strong Block-Decomposable Linear Relaxations for 0-1 MIPs, *Discrete Appl. Math*, 158, (2010), pp. 2031-2048.

G. L. Nemhauser, L. E. Trotter, Properties of vertex packings and independence system polyhedra, *Mathematical Programming*, 6 (1974), pp. 48-61.

G. L. Nemhauser, L. E. Trotter, Vertex packings: Structural properties and algorithms, *Mathematical Programming*, 8 (1975), pp. 232-248.

G. L. Nemhauser, L. A. Wolsey, Integer and Combinatorial Optimization, *John Wiley and Sons*, 1988.

G. L. Nemhauser, L. A. Wolsey, A recursive procedure to generate all cuts for 0-1 mixed integer programs, *Mathematical Programming*, 46, pp.379-390.

V. H. Nguyen, Polyèdre des cycles: Description, Composition et Lifting de facettes, Master thesis, Université d'Aix-Marseille II, 2000.

T. Ohtsuki, The two disjoint path problem and wire routing design, *Pro-*

ceeding Symposium On Graph Theory and Applications, Lecture Notes in Computer Science, 108 (1981), pp. 207-216, Berlin.

F. Ortega, L. A. Wolsey, A branch and cut algorithm for the simple commodity uncapacitated fixed charge network flow problem, Networks, 41 (2003), pp.143-158

H. Ouzia, Separation d'inégalités valides par la programmation disjonctive, Master's Thesis DEA-IRO, Univ. Paris 6, Sept 2002.

M. W. Padberg. On the facial structure of the set packing polyhedra. Mathematical Programming, 5: 199-215, 1973.

M. W. Padberg. A note on zero-one programming. Operational Research, 23 (1975), pp. 833-837.

47. M. W. Padberg, (1-k) configurations and facets for packing problems: a computational study, Mathematical programming, 18: 94-99, 1980.

Y. Perl, Y. Shiloach, Finding two disjoint paths between two pairs of vertices in a graph, J. ACM, 25 (1978), pp. 1-9.

M. Perregaard, E. Balas, Generating cuts from multiple term disjonctions, In IPCO, pp. 348-360, 2001.

J. C. Picard, M. Queyranne, On the integer-valued variables in linear vertex packing problem, Mathematical Programming, 12 (1979), pp.97-101.

R. L. Rardin, L. A. Wolsey, Valid inequalities and projecting the multicommodity extended formulation for uncapacitated fixed charge network flow problems, European Journal of Operational Research, 71 (1993), pp.95-109.

N. Robertson, P. D. Seymour, Graphs minors XIII, The disjoint paths problem, J. Combinatorial Theory, Ser.B, 63 (1995), pp. 65-110.

T. Roy and L. Wolsey. Solving mixted integer programming problems using automatic reformulation. Operations Research, 35: 45-57, 1987

A. Schrijver, Finding k-disjoint paths in directed planar graph, SIAM, J. Comput., 23 (1994), pp. 780-788.

55. P. D. Seymour, Disjoint paths in graphs, Discrete Mathematics, 29 (1980), pp.293-309.

H. Sherali, W. P. Adams, A hierarchy of relaxations between the continuous and convex hull representations for zero-one programming problems, *SIAM J. Discrete Math*, 3 (1990), pp. 411-430.

Y. Shiloach, A polynomial solution to the undirected two paths problems, *J. ACM*, 27 (1980), pp.445-456.

K. Subramani, A zero-space algorithm for negative cost cycle detection in networks. *J. Discret. Algorithms* 5, (2007), pp. 408-421

K. Subramani, L. Kovalchick, A greedy strategy for detecting negative cost cycles in networks. *Future Gener. Comput. Systems* 21(4), (2005), pp. 607-623

C. Thomassen, The two linkage problem for acyclic digraphs, *Discrete Mathematics*, 55 (1985), pp.73-87.

L. A. Wolsey. Faces for a linear inequality in 0/1 variables. *Mathematical Programming*, 8:165-178, 1975.

L. A. Wolsey. Valid inequalities and superadditivity for 0-1 integer programs, *mathematics of operations research*, 2 (1977), pp.66-77.

T. Yamada, H. Kinoshita, Finding all the negative cycles in a directed-graph. *Discret. Appl. Math.* 118, (2002), pp. 279-291

E. Zemel. Lifting the facets of zero-one polytopes. *Mathematical Programming*, 15, (1978), pp. 268-277

Annexe

Dans cette annexe, on va donner une description des graphes sur lesquels on a effectués nos différents tests dans les chapitres précédents. Pour chaque graphe, on indique le nombre de sommets et d'arcs en caractère gras. Il s'agit des deux premiers nombres de la liste. Chaque triplet des nombres suivants représente les extrémités initiale et terminale d'un arc du graphe et son coût, et enfin, on fournit le sommet s et t en caractère gras. Par exemple, pour le premier graphe nommé g10e1, les deux premiers nombres 10 et 21 indiquent respectivement le nombre de sommets et d'arcs. Pour les trois autres suivants, en l'occurrence 1, 9 et -5, représentent l'arc $(1, 9)$ avec un coût de -5. Le deuxième triplet 1, 6 et 5 représente l'arc $(1,6)$ avec un coût de 5, ... Enfin, les deux derniers nombres 3 et 2 sont respectivement les sommets s et t.

Ce premier groupe de graphes générés aléatoirement sont ceux qu'on a manipulés dans le chapitre 2 et ayant servi d'affirmer,à travers des résultats empiriques que la relaxation linéaire du modèle FC est relativement forte comparativement à celle de FNC, (se référer aux résultats des tableaux 2.2, 2.3, 2.4, 2.5). A titre de rappel, pour la génération aléatoire de ces graphes, après avoir fixé l'ordre n du graphe, pour chaque sommet i, on a généré au plus 3 nombres aléatoires qui soient compris entre 1 et n, et différents de i. Ces 3 trois nombres vont représenter les successeurs de i. De même, on va également générer 2 nombres pour désigner s et t.

g10e1: 10 21 1 9 -5 1 6 5 2 9 -13 3 2 4 3 6 -4 4 9 -13 4 8 2 5 6 -9 5 2 -3 5 1 -3 6 9 3 6 3 -3 7 5 3 7 4 -2 8 1 -8 8 7 3 9 7 0 9 8 4 10 6 -5 10 9 4 10 3 -12 **3 2** end;

g10e2 10 22 1 2 1 1 5 6 1 9 1 2 7 -1 2 5 2 2 3 -9 3 9 -11 4 5 3 4 7 5 5 8 -6 5 2 2 6 3 -5 6 1 5 6 4 -11 7 6 -9 7 9 -12 8 4 -7 8 1 -6 9 3 2 10 5 2 10 7 2 10 2 6 **2 6** end;

g10e3 10 19 1 5 -3 1 8 -3 2 5 1 3 1 5 4 9 -7 4 7 -9 5 3 -1 5 8 -6 6 9 -1 7 10 7 4 1 7 6 1 8 5 6 8 7 -1 9 4 6 9 3 -10 10 6 -6 10 7 -13 10 9 -1 **10 5** end;

g10e4 10 20 1 6 0 1 4 0 2 7 4 2 1 -8 3 4 -4 4 2 1 4 8 -2 4 7 0 6 4 -5 6

3 -3 7 5 -12 7 4 0 7 3 -4 8 9 -2 8 1 -6 9 6 -6 9 1 -2 10 2 -5 10 8 3 10 6 5 **3 8** end;

g10e5 10 22 1 7 3 1 2 -2 2 8 -13 2 6 -2 3 8 -6 3 7 -5 4 3 -7 4 7 -8 4 1
-11 5 9 -6 5 2 4 5 3 0 6 9 -13 6 5 -8 7 4 -5 7 3 -12 8 5 4 9 3 -9 9 7 -11 9 4 5
10 2 -5 10 6 -2 **5 2** end;

g10e6 10 22 1 5 -1 1 2 -7 2 6 -1 2 1 -8 2 7 -2 3 9 -11 4 9 -1 5 6 -12 5
8 -10 5 4 -11 6 7 6 6 2 5 7 4 4 7 5 -2 7 1 -7 8 1 -4 8 7 -10 9 2 0 9 8 -9 10 3 -4
10 2 -9 10 6 1 **3 6** end;

g10e7 10 23 1 8 6 1 6 -13 1 4 -8 2 9 1 2 6 -5 3 2 6 3 6 2 4 5 5 4 6 -3
5 8 -8 5 4 -4 6 9 4 6 8 -3 7 8 3 7 2 -4 8 1 -3 8 2 -7 8 5 4 9 8 2 9 5 -4 10 8 -5
10 7 -8 10 3 2 **7 5** end;

g10e8 10 21 1 8 -12 2 7 -7 2 1 -12 3 8 -8 3 4 2 4 6 2 4 9 -5 4 8 -2 5 1
-12 6 2 -7 6 8 -8 6 1 1 7 3 3 7 9 -11 8 7 1 8 4 -11 8 5 3 9 5 -10 10 4 -10 10 6
-13 10 2 1 **6 4** end;

g10e9 10 23 1 4 -11 1 5 6 1 7 4 2 6 1 2 9 1 3 7 -9 3 5 -3 4 6 -2 4 1 2
5 2 0 5 6 -1 6 9 1 6 7 -7 7 2 2 7 4 -9 8 6 -8 8 4 -8 9 8 -3 9 5 6 9 3 -10 10 5 -2
10 8 -10 10 2 -11; **9 3** end;

g10e10 10 26 1 7 -5 1 9 -9 2 8 -4 2 1 -5 3 2 0 3 7 -7 4 7 -6 4 3 0 5 4
4 5 2 6 5 9 6 6 1 0 6 3 -11 6 8 -4 7 2 1 7 9 -4 7 1 3 8 2 -5 8 5 6 8 7 -7 9 7 -4
9 6 -12 9 1 -13 10 1 0 10 9 -6 10 6 3 **8 2** end;

g15e1 15 35 1 13 -12 1 9 -1 1 5 -11 2 10 -5 2 7 -11 3 10 -12 3 11 6 4
9 -11 4 8 1 5 6 -2 5 1 -11 6 1 6 6 3 1 6 9 -2 7 12 -7 7 14 -6 8 10 -3 8 4 -5 9 5
-10 9 2 -13 9 14 1 10 11 -5 10 4 -11 10 14 -5 11 3 -13 11 5 -4 12 4 6 12 14 3
13 9 -1 13 4 5 14 1 -10 14 7 -12 15 13 -9 15 7 -9 15 5 -5; **12 8** end;

g15e2 15 40 1 10 1 8 2 7 2 8 3 7 3 6 3 14 4 2 4 12 4 11 5 9 5 6 5 3 6
12 6 7 6 3 7 4 7 2 7 8 8 10 8 12 8 6 9 11 9 3 10 11 10 3 11 4 11 13 11 6 12
14 12 13 13 14 13 8 13 12 14 9 14 8 14 2 15 13 15 10 15 2 **10 7** end;

g15e3 15 32 1 7 1 8 2 5 3 1 3 2 4 1 5 8 5 13 6 1 6 11 6 14 7 4 7 14 7
11 8 4 8 6 9 10 9 14 9 11 10 7 10 12 11 9 11 7 12 14 12 2 13 11 13 8 14 9 14
5 15 14 15 8 15 12 **15 6** end;

g15e4 15 37 1 6 -7 1 14 -13 1 9 -10 2 6 -4 3 4 4 3 12 6 4 11 -5 4 1 -
10 5 2 -13 5 14 -4 5 4 -8 6 8 6 6 11 -9 7 2 2 7 5 -2 7 4 -6 8 3 -5 8 7 -12 9 7
-7 9 6 -2 10 6 -1 10 8 -5 10 1 4 11 10 -10 11 8 -9 11 2 -7 12 6 -7 12 1 2 12
13 -6 13 2 -4 13 14 -6 14 6 -5 14 11 5 14 9 -9 15 7 -12 15 12 -12 15 14 6 **5 9** end;

g15e5 15 39 1 8 4 1 5 -13 1 4 -7 2 14 2 2 8 -7 2 12 -3 3 7 6 3 8 0 4 13 4 4 14
3 4 7 0 5 4 -6 5 11 -7 5 9 6 6 12 -5 6 3 -11 7 10 -10 7 13 -8 8 12 6 8 10 -8 8 1 -9
9 14 -13 9 1 5 9 12 -1 10 8 -11 10 14 -7 10 7 -2 11 4 -3 11 13 -13 12 4 -1 12 2
-10 12 13 -1 13 9 -2 14 12 6 14 11 6 14 13 -1 15 8 -4 15 11 -3 15 12 -8 **3 11** end;

g15e6 15 38 1 7 3 1 10 0 1 5 0 2 12 -13 2 8 2 3 14 3 3 7 -5 3 1 -1 4 1
-8 4 8 5 4 2 -12 5 13 -5 5 6 -8 6 2 5 6 1 3 6 8 -4 7 8 -4 7 3 -3 8 4 -9 8
5 3 8 9 -4 9 6 1 9 11 6 10 1 -3 10 5 -12 10 11 2 11 5 6 11 10 -3 12 14 -7
12 11 -3 12 6 6 13 3 -6 13 8 3 14 12 6 14 8 -1 15 7 -13 15 11 4 15 1 -3 **4 14** end;

g15e7 15 37 1 8 -4 2 7 0 2 1 -11 2 12 2 3 14 2 3 5 -5 3 7 -5 4 11 4
4 14 0 4 1 -3 5 12 3 5 10 4 5 2 -10 6 2 2 6 9 0 6 5 2 7 14 4 7 6 -12 8
12 5 8 5 -3 9 6 -1 9 11 -3 10 2 -1 10 5 4 10 7 -3 11 1 -1 11 4 2 12 7 -8 12
8 6 12 5 -3 13 3 -10 13 6 -9 14 11 -12 14 10 1 15 10 5 15 5 -12 15 12 4 **8 4** end;

g15e8 15 37 1 10 -11 1 6 -2 1 12 -6 2 1 -7 3 6 0 3 10 6 4 6 6 4 5 -6 4
1 6 5 3 -9 5 6 -2 6 1 -11 6 10 -4 7 13 2 7 10 6 8 5 -11 8 10 -11 8 1 -12 9 5
-3 9 1 2 9 13 -10 10 11 -11 10 5 -10 10 9 3 11 13 -4 11 3 -2 12 14 -11 12 4 4
12 1 -13 13 12 -4 13 2 -3 13 8 -8 14 9 6 14 11 1 14 10 0 15 12 -4 15 9 -4 **3 9** end;

g15e9 15 361 7 -5 1 12 -8 1 10 0 2 5 -5 2 1 -2 3 6 -11 3 8 -5 4 7 2 4
8 2 4 12 -4 5 6 5 5 7 3 6 4 -13 6 14 -10 7 12 0 7 1 6 7 4 -11 8 6 1 8 3 3 9 3 5
9 10 -4 10 4 -10 10 5 3 11 5 -7 11 13 -6 11 7 -9 12 13 -11 12 4 -9 13 3 1 13
14 -3 13 8 -5 14 5 3 14 9 -12 15 7 6 15 3 4 15 12 -8 **1 8** end;

g15e10 15 38 1 10 1 1 5 2 2 7 -2 2 9 -5 2 4 -3 3 6 -2 3 11 1 3 14 1 4
9 4 4 7 -4 4 3 5 5 12 -8 5 2 -5 5 10 -5 6 3 3 6 7 5 6 8 4 7 10 -13 7 6 2 8
13 4 8 5 -1 8 9 -7 9 5 -9 9 3 4 9 10 -4 10 11 -2 11 5 -9 11 4 3 11 2 4 12
10 4 12 13 -9 12 3 -6 13 3 -6 13 11 3 14 10 -11 14 1 4 15 5 2 15 10 -6 **5 13** end;

g20e1 20 52 1 17 -7 1 4 -12 1 7 0 2 19 -5 2 12 -11 2 1 -1 3 5 -1 3 13
-9 4 11 0 4 10 -2 5 4 -2 5 16 6 5 11 -10 6 9 -4 6 10 4 7 5 6 7 13 -6 8
12 6 8 19 4 8 16 0 9 1 -6 9 6 -2 9 19 -6 10 12 -10 10 18 -4 10 3 -3 11
12 -1 11 5 -2 12 19 0 12 2 -8 13 12 -8 13 14 -1 13 2 -2 14 5 -10 14 18
-1 14 15 5 15 19 -6 15 2 5 15 17 -8 16 9 -4 16 18 -4 16 11 -10 17 1 -3 17
16 -3 18 19 -5 18 15 1 19 5 -7 19 1 -9 19 18 3 20 2 5 20 4 -8 20 16 -12 **7 10** end;

g20e2 20 54 1 13 -1 1 3 2 1 14 6 2 15 -4 2 18 -10 3 14 -2 3 18 -11 3 6
4 4 12 6 4 13 -5 4 14 6 5 17 1 5 8 -8 5 13 -12 6 2 -6 6 13 -8 7 5 5 7 18
-6 7 4 4 8 10 6 8 9 -4 8 1 3 9 6 1 9 15 -13 9 2 -3 10 19 -13 10 4 -5 10 5
5 11 9 -5 11 5 -10 11 14 -5 12 6 -2 12 7 -3 13 8 5 13 10 5 14 5 -4 15 19 1
15 9 -9 15 2 2 16 2 -1 16 3 -5 16 15 5 17 16 -6 17 18 -11 17 19 -7 18 13 -6
18 4 -10 18 6 -1 19 15 -13 19 7 -13 19 10 -11 20 9 -3 20 16 5 20 14 6 **14 18** end;

g20e3 20 50 1 19 -4 1 12 2 2 1 -12 2 12 6 2 6 1 3 14 -3 3 1 -6 4 8 3 4
19 -4 5 12 5 5 19 -2 5 15 -13 6 17 2 6 9 6 6 5 -12 7 14 -6 7 3 -6 7 6 -3 8 1 -12
8 9 -12 9 3 0 9 7 -2 10 4 -13 10 13 -13 11 1 -3 11 16 -3 11 10 -11 12 10 2 12
11 3 13 5 0 13 18 -7 13 16 -6 14 8 -13 14 12 -3 15 1 0 15 12 -7 15 14 -8 16 7
2 16 5 -7 17 6 4 17 11 3 17 13 -11 18 13 5 18 16 -1 18 5 0 19 13 -13 19 8 -8
20 10 -4 20 18 -10 20 16 -1 **1 6** end;

g20e4 20 54 1 15 -8 1 10 -9 1 19 -12 2 17 -10 2 12 -1 2 5 2 3 4 -4 3 5
-11 4 15 -2 4 2 -10 4 14 -5 5 16 -1 5 11 -6 5 18 6 6 11 1 6 4 -11 6 18 -9 7
3 3 7 8 -1 8 11 0 8 2 3 8 16 -6 9 18 -11 9 15 -1 10 11 -2 10 5 -10 10 19 -10
11 2 -3 11 17 -6 11 13 3 12 11 3 13 11 -9 13 14 1 13 1 -3 14 1 -12 14 2 -13
14 4 4 15 12 2 15 8 5 15 18 -6 16 1 -13 16 18 6 16 8 -2 17 15 6 17 8 -6 17
18 -13 18 8 -3 18 4 -10 19 13 -8 19 7 2 19 6 -2 20 13 5 20 7 -12 20 16 -8 **8 5** end;

g20e5 20 55 1 12 -1 1 19 -5 1 6 -6 2 14 2 2 13 -7 3 14 6 3 9 -5 3 18 4
4 7 -5 4 6 -2 4 9 -5 5 1 4 5 4 -9 5 11 -4 6 7 -10 6 1 -7 6 12 -5 7 14 -7 7 3
-6 7 12 3 8 13 -6 8 16 -10 9 3 -6 9 15 -1 10 16 3 10 9 -13 10 1 -12 11 10 -4
11 4 -2 11 15 4 12 19 -3 12 4 -11 12 17 4 13 19 -2 13 4 2 13 15 -12 14 10
2 14 4 1 14 3 -13 15 6 6 15 17 3 16 17 -3 16 8 -11 16 1 -9 17 14 -9 17 4 -2
18 1 -10 18 3 -7 18 19 5 19 7 -3 19 13 -1 19 4 4 20 13 -2 20 16 -3 20 8 4 **5 3** end;

g20e6 20 55 1 8 5 1 17 -10 1 3 -11 2 10 -7 2 13 -5 2 1 -6 3 14 5 3 2 0
4 8 0 4 10 5 4 3 -6 5 4 -3 5 15 -13 5 2 4 6 10 -3 6 15 -5 6 13 6 7 11 -9 7 6
-8 7 12 -6 8 12 -6 8 5 1 9 4 -4 9 1 2 9 7 -9 10 3 -1 10 14 5 10 12 4 11 15
-10 11 8 -2 11 12 -11 12 10 -10 12 6 3 12 8 6 13 3 -13 13 6 -4 13 15 -7 14
16 -13 14 15 4 15 2 6 15 17 -6 16 14 0 16 11 -11 16 4 -10 17 4 2 17 6 -3 17
11 2 18 10 2 18 16 3 18 4 -1 19 3 -12 19 13 6 20 2 -12 20 8 4 20 18 -8 **2 11** end;

g20e7 20 50 1 16 4 1 13 3 1 5 -13 2 18 -12 2 14 5 2 5 -3 3 13 3 4 3 -1
4 12 -2 4 17 3 5 17 -11 5 11 6 5 10 1 6 14 -7 6 12 -5 6 2 4 7 9 -12 7 19 -10 8
14 1 8 1 4 8 13 2 9 7 3 10 17 -9 10 6 -5 10 4 4 11 3 6 11 7 -7 12 13 4 12 7 0
12 1 -6 13 18 2 13 1 6 14 15 -13 14 11 -11 14 1 5 15 7 5 15 3 0 16 10 -3 16 7
1 16 6 2 17 12 -5 17 14 0 18 16 -1 18 9 5 18 12 -11 19 13 -6 19 3 -8 19 10 -9
20 3 4 20 11 -3 **4 16** end;

g20e8 20 56 1 12 -10 1 2 -13 2 14 -10 2 4 -12 2 13 -12 3 13 2 3 17 -9
3 7 -11 4 16 -5 4 11 3 5 11 -8 5 12 -8 5 2 0 6 8 1 6 17 -2 6 14 6 7 17 -4 7 3 -12
7 11 3 8 3 -9 8 11 -13 8 9 6 9 3 0 9 17 6 9 1 -5 10 15 -1 10 14 -5 10 17 3 11 1
-7 11 10 6 11 17 -8 12 18 2 12 14 -11 12 17 -8 13 18 -13 13 10 -3 13 1 6 14 9 -9
14 12 -7 14 4 1 15 14 -13 15 6 -4 15 8 -9 16 5 -3 16 10 2 17 4 2 17 11 -11 18 1
-4 18 3 -1 18 19 -9 19 11 -4 19 9 -9 19 15 0 20 18 -3 20 13 -8 20 19 -11 **1 4** end;

g20e9 20 51 1 8 -13 1 11 -8 1 19 -11 2 10 2 2 14 2 2 1 -11 3 13 -9 3
11 -7 4 15 1 4 6 -8 5 15 6 5 14 -2 6 3 -11 6 12 1 6 7 -1 7 17 5 7 13 -5 8 13 -7

8 12 1 8 6 -9 9 18 -13 9 7 -9 10 6 -10 10 4 -12 10 14 5 11 13 5 11 12 -5 12 18
-4 12 7 -8 13 14 1 13 7 -6 13 8 0 14 11 -4 14 15 -4 14 10 -10 15 14 3 15 6 5
15 18 -12 16 19 4 16 17 -2 17 6 2 17 1 0 18 13 2 18 16 -13 18 2 -8 19 14 1 19
15 -3 19 3 -8 20 13 5 20 2 -13 20 16 -13 **18 12** end;

g20e10 20 52 1 4 -7 1 9 6 1 17 5 2 6 -7 2 4 -5 2 9 0 3 13 0 3 4 1 3 5
6 4 17 -3 5 9 0 5 6 4 5 16 -2 6 18 -12 7 6 -6 7 2 -3 7 15 -2 8 4 -4 9 8 -12 9 4
-12 10 18 0 10 15 -9 10 11 -2 11 16 -3 11 12 1 11 18 0 12 9 -9 12 1 -1 12 15
3 13 3 6 13 6 -5 13 8 -3 14 18 3 14 11 6 14 9 2 15 9 2 15 12 -12 16 7 -4 16
11 -13 16 3 -4 17 14 0 17 13 2 17 5 -4 18 12 -4 18 8 5 18 17 4 19 8 3 19 13 6
19 16 -10 20 15 4 20 11 -9 20 12 -9 **5 1** end;

g25e1 25 66 1 7 1 2 21 -7 2 24 -2 3 17 -2 3 16 1 3 11 1 4 8 -2 4 5 -11
5 19 1 5 15 0 5 4 -9 6 24 -12 6 13 -8 7 1 -6 7 14 5 7 9 -2 8 12 -13 8 4 -10 8 19
0 9 22 -11 9 5 5 10 1 3 10 4 0 10 12 -6 11 22 -3 11 21 4 11 15 -6 12 4 1 12 19
2 12 15 -11 13 9 -11 13 4 -2 13 6 6 14 5 -10 14 1 -4 15 23 -11 15 19 -5 16 12 0
16 24 -6 16 14 -1 17 18 2 17 8 -3 17 13 6 18 16 5 18 1 4 18 12 -7 19 20 1 19 13
5 19 4 -2 20 17 6 20 5 -4 21 9 1 21 4 -6 21 2 2 22 24 3 22 13 -7 22 9 -12 23 6
-13 23 24 -6 23 22 -4 24 17 1 24 5 -9 24 15 -6 25 20 -1 25 12 -3 25 15 1 **16 9** end;

g25e2 25 68 1 14 -13 1 24 2 1 16 -8 2 16 -6 2 21 -11 2 22 -12 3 16 -13
3 21 6 4 9 -7 4 10 -12 5 11 -5 5 4 -4 5 19 -10 6 18 -6 6 5 1 6 3 4 7 24 2 7 6 3
7 22 -10 8 23 -2 8 4 2 8 13 4 9 4 5 9 18 -1 10 11 -9 10 16 3 11 20 -6 11 4 -13
11 3 -7 12 22 -11 12 2 -10 12 23 6 13 8 4 13 14 -3 13 16 -11 14 9 3 14 1 -2
14 5 2 15 5 0 15 24 -9 15 8 0 16 1 -11 16 4 -10 17 13 -12 17 7 -1 17 6 -9 18
15 -2 18 3 -10 19 7 -4 19 16 -6 19 1 4 20 4 -8 20 13 -10 20 12 4 21 20 -2 21
19 -10 22 2 -7 22 7 -6 22 23 -2 23 15 -3 23 3 2 23 18 -8 24 14 -13 24 19 -8 24
10 3 25 3 -2 25 2 0 25 18 -1 **25 7** end;

g25e3 25 65 1 2 -1 1 16 -6 1 11 1 2 4 -7 2 22 5 3 2 3 3 6 -8 4 18 4 4
17 -1 4 1 6 5 12 -6 5 3 -3 5 8 -6 6 20 -5 7 5 6 7 20 -11 7 23 0 8 24 -13 8 13 -9
9 10 -12 9 12 -12 9 17 -2 10 1 -9 10 23 -9 10 18 -8 11 15 -2 11 18 -1 11 1 -3
12 3 -8 12 10 -5 13 16 -5 13 11 -10 13 15 2 14 21 -13 14 2 -2 15 23 -10 15 18
4 15 9 -4 16 4 -13 16 1 4 17 10 2 17 18 3 18 9 -5 18 5 4 18 15 4 19 16 -4 19
21 -3 19 20 6 20 1 1 20 4 3 20 15 -2 21 7 2 21 14 -7 21 16 -9 22 11 -11 22 1 2
23 17 -5 23 5 5 23 7 3 24 19 5 24 6 -1 24 11 -12 25 16 -3 25 20 3 25 7 -5 **7 8** end;

g25e4 25 63 1 5 2 1 4 -7 2 19 -4 2 22 -8 2 17 -5 3 14 2 3 15 3 3 24 -
13 4 9 -4 4 2 -6 5 10 -8 5 20 -11 5 14 -8 6 1 -7 6 14 -8 7 15 -6 7 18 -3 8 24 -9
8 4 -2 9 14 -5 9 15 0 9 19 0 10 2 -10 10 23 5 10 8 -4 11 5 -1 11 6 -7 11 23 3 12
14 -2 12 4 -8 12 2 3 13 18 -12 13 16 -13 14 1 -8 14 11 1 14 23 -9 15 9 -12 15 10
-8 16 19 -9 16 9 -13 16 13 -8 17 21 -11 17 20 -12 17 10 5 18 21 -11 19 23 -12
19 20 5 20 15 -10 20 24 -13 20 11 -13 21 19 -9 21 6 -11 22 10 -10 22 5 -7 23 4
-12 23 11 -9 23 24 -4 24 22 5 24 14 4 24 7 -6 25 19 4 25 13 2 25 22 -13 **12 4** end;

g25e5 25 671 12 -11 1 24 -13 1 13 -1 2 10 5 2 15 -13 3 2 -9 3 20 -2 3
17 -10 4 11 2 4 8 2 4 19 5 5 4 6 5 11 6 5 18 -8 6 13 -9 6 9 -3 7 3 -6 8 15 -5 8
21 -5 9 14 -4 9 8 5 9 6 -11 10 21 -5 10 2 -8 11 14 6 11 1 6 11 12 -7 12 23 -1
12 17 5 12 5 -13 13 14 3 13 10 -5 13 5 -5 14 24 3 14 22 -7 14 18 -11 15 11 -2
15 13 -2 15 21 6 16 9 -5 16 22 -4 16 10 -5 17 20 -7 17 7 -8 18 13 3 18 2 6 18
6 -7 19 9 -9 19 3 -8 19 13 4 20 10 6 20 11 6 20 13 -7 21 23 5 21 19 4 21 10
-10 22 6 -9 22 13 -7 22 18 3 23 14 -8 23 16 0 23 5 5 24 3 -11 24 22 0 25 24
-7 25 16 -5 25 7 -9 **21 14** end;

g25e6 25 70 1 15 1 1 8 -4 1 19 1 2 5 -9 2 11 2 2 22 -1 3 1 -11 3 2 6 4
2 4 4 17 6 4 18 4 5 14 4 5 15 -12 5 10 0 6 11 -13 6 10 3 6 12 -10 7 13 1 7 10
6 7 11 -7 8 14 -3 8 11 1 8 16 -3 9 18 1 9 10 -5 10 7 -8 10 24 5 10 9 -5 11 14 4
11 16 6 12 4 -10 12 16 -2 12 3 -11 13 22 1 13 16 -7 13 11 -8 14 21 -10 14 15
2 15 9 5 15 1 -6 15 21 -5 16 19 -5 16 7 -9 16 11 6 17 4 -1 17 5 -7 18 24 -12
18 1 -1 18 10 -4 19 22 -8 19 16 6 19 13 -8 20 18 6 20 5 2 20 8 -12 21 5 -11
21 13 -3 21 9 6 22 12 -2 22 14 0 22 10 2 23 24 -5 23 22 -13 23 1 -7 24 12 6
24 15 -10 24 22 -10 25 11 -1 25 3 0 25 10 -4
   2 10 end;

g25e7 25 67 1 18 -6 1 5 -5 2 7 -5 2 24 -12 2 17 1 3 1 -2 3 12 -7 4 6 -4
4 15 1 4 5 4 5 12 2 5 20 -9 5 16 -12 6 11 -5 6 20 -4 7 11 -11 7 21 -5 7 5 -2 8
3 -8 8 10 -1 9 12 0 9 3 -11 9 10 -7 10 24 5 10 2 2 10 4 2 11 21 -1 11 4 -6 11
6 6 12 20 1 12 2 0 12 4 -7 13 7 -7 13 15 -5 13 12 -13 14 1 -13 14 17 -10 14 3
-11 15 12 -11 15 1 -2 15 23 -9 16 8 3 16 21 -3 16 4 -11 17 12 6 17 21 -2 18
22 6 18 9 -3 19 13 -5 19 21 -8 19 15 -13 20 9 -11 20 3 -4 20 17 -12 21 17 -13
21 22 -2 21 13 -12 22 17 -13 22 1 -2 22 15 1 23 15 -3 23 17 6 24 20 -2 24 13
1 25 18 -9 25 7 4 25 17 6 **7 6** end;

g25e8 25 65 1 13 -9 1 15 -11 1 8 -12 2 24 1 3 1 -3 3 17 5 3 16 6 4 8
-8 4 20 -1 4 22 -7 5 17 -5 5 21 -13 5 19 -13 6 16 -8 6 5 -8 6 10 -2 7 9 -3 7 1 -6
8 15 -7 8 16 -7 8 5 -7 9 7 -2 9 15 -11 9 4 -3 10 24 -7 10 22 1 11 7 -3 11 20 -4
12 2 -9 12 14 -8 13 6 -9 13 15 5 13 12 4 14 6 3 14 10 4 14 23 -2 15 10 -7 15 11
-6 15 16 -7 16 2 6 16 22 -10 16 11 1 17 15 -2 17 23 -1 18 23 6 18 22 -9 19 10
-10 19 1 4 20 11 -5 20 8 4 21 5 5 21 23 -11 21 2 -5 22 20 0 22 24 2 22 8 0 23 7
-8 23 15 -13 23 20 -3 24 6 -9 24 17 -7 24 1 2 25 7 -3 25 5 -1 25 10 -13 **4 16** end;

g25e9 25 69 1 15 4 1 12 -12 1 2 -10 2 18 0 2 24 -12 2 10 4 3 1 -5 3
14 5 4 12 -5 4 18 -6 4 9 -8 5 15 4 5 2 0 5 13 5 6 16 -10 6 19 -10 7 8 6
7 13 -6 7 1 6 8 5 -11 8 9 3 8 1 6 9 3 -3 9 22 2 10 4 -3 10 15 -8 10 5 -10
11 4 4 11 8 6 11 1 -2 12 21 -6 12 14 -5 12 18 -1 13 8 6 13 18 2 13 19 2
14 17 5 14 8 -12 14 19 -9 15 21 5 15 19 -4 15 4 -13 16 22 6 16 9 5 17
14 -9 17 8 -11 17 16 -12 18 19 -13 18 1 -4 19 7 -4 19 18 -1 19 13 -3 20
21 -5 20 10 -1 20 22 -1 21 15 -3 21 12 -6 22 11 -12 22 15 2 22 5 -8 23 21 6

23 7 5 23 11 -12 24 18 2 24 13 -4 24 9 -12 25 23 -9 25 12 -6 25 20 -6 **22 24** end;

g25e10 25 67 1 18 6 1 9 -3 1 20 -8 2 8 3 2 12 -6 2 17 -4 3 12 4 3 23
6 3 10 -11 4 15 -13 4 8 -9 5 13 -9 5 6 3 5 18 3 6 1 -4 6 20 -4 6 24 -1 7 18 -7 7
10 -9 8 18 -9 8 5 -5 9 19 3 9 11 -5 9 23 2 10 16 -4 10 6 2 11 18 -7 11 6 -2 11
19 -9 12 4 -3 12 14 -1 12 19 -7 13 19 -4 13 3 2 14 5 5 14 9 -3 15 11 -13 15 24
-4 16 6 1 16 14 -4 16 7 -6 17 18 -4 17 22 -7 17 3 0 18 15 4 18 4 -10 18 16 -7 19
22 4 19 6 -4 19 14 -1 20 16 6 20 12 -1 21 5 2 21 9 2 21 6 0 22 3 6 22 4 -13 22 7
-8 23 17 5 23 4 4 23 1 4 24 4 6 24 18 -4 24 12 -7 25 2 -4 25 8 1 25 11 4 **14 7** end;

A la différence, des graphes décrits jusqu'ici, les suivants sont des graphes planaires (grilles). Il s'agit des graphes sur lesquels, on a méné nos expériences, notamment pour identifier les *inégalités valides* d'ordre k. Contrairement aux premiers, pour leur génération, il suffit juste de choisir entre pile et face les sens d'orientation entre les arcs. $\Gamma^{+}(i)$ étant déja défini pour chaque sommet i. On retrouve les graphes suivants notamment dans les chapitres 4 et 5 de ce document.

ess222: 16 24 1 5 -4 2 1 -1 2 6 5 3 2 4 3 7 -1 4 3 -11 5 9 -13 6 5 3 6
10 -9 7 6 -2 8 4 -8 8 7 6 8 12 2 9 13 -5 10 9 -3 10 11 -4 11 7 -1 11 12 6 12 16
-6 13 14 -3 14 10 -1 14 15 -8 15 11 0 16 15 -1 **8 15** end;

ess220: 16 24 1 2 -12 1 5 -12 3 2 -13 2 6 -13 4 3 -1 7 3 -13 8 4 5 6 5
-4 5 9 -9 7 6 -9 6 10 0 8 7 2 11 7 2 8 12 -13 9 10 -10 9 13 -10 10 11 -5 10 14
1 12 11 -2 15 11 1 12 16 0 13 14 1 15 14 4 16 15 -13 **1 14** end;

ess65: 16 24 2 1 -11 1 5 -6 3 2 5 6 2 5 3 4 4 7 3 -7 8 4 2 5 6 -8 9 5
-3 7 6 -5 6 10 4 8 7 -12 11 7 -6 12 8 -13 10 9 -13 13 9 -6 10 11 1 14 10 -10
11 12 -7 15 11 -11 12 16 -13 13 14 -13 14 15 -5 15 16 2 **13 2** end;

ess998: 16 24 1 2 -11 5 1 -5 2 3 -5 2 6 -5 4 3 -8 3 7 -1 8 4 -4 6 5 -7
9 5 6 7 6 -11 6 10 -6 8 7 -10 11 7 -10 8 12 -6 10 9 -4 9 13 -9 11 10 -8 10 14
-1 12 11 0 15 11 5 16 12 -4 14 13 -10 14 15 -8 16 15 3 **8 5** end;

al84: 25 40 2 1 3 1 6 0 2 3 -9 7 2 -9 3 4 -5 3 8 -4 4 5 6 9 4 -1 5 10
-6 6 7 0 6 11 0 7 8 6 12 7 -13 8 9 -7 8 13 -2 10 9 -5 9 14 -10 10 15 -2 12 11
-5 11 16 -7 13 12 -10 17 12 4 14 13 -8 13 18 4 15 14 -1 14 19 6 20 15 2 16 17
-12 21 16 -11 17 18 -2 22 17 0 18 19 -12 18 23 -6 19 20 -13 19 24 -13 20 25 4
22 21 -13 23 22 -7 24 23 -3 24 25 6 **4 16** end;

al36: 25 40 2 1 4 6 1 -8 2 3 -9 2 7 -9 3 4 1 8 3 -9 4 5 6 4 9 -10 5 10
3 6 7 6 6 11 -10 7 8 -7 12 7 0 9 8 -9 8 13 4 10 9 6 9 14 -3 10 15 -5 11 12 -9
11 16 -11 13 12 6 12 17 2 14 13 2 18 13 -13 15 14 5 14 19 6 15 20 -7 17 16
-11 16 21 -3 18 17 -12 22 17 -11 19 18 4 23 18 -5 19 20 -1 19 24 -12 20 25 -4

21 22 6 23 22 -1 23 24 -1 24 25 2 **5 16** end;

mk95: 36 60 1 2 -7 7 1 1 2 3 -1 2 8 -1 4 3 -13 3 9 1 4 5 -10 4 10 -13
5 6 3 5 11 4 6 12 -2 8 7 -3 13 7 0 9 8 -9 14 8 2 9 10 6 9 15 2 11 10 -10 10
16 -11 12 11 -12 11 17 6 12 18 -11 13 14 -12 19 13 0 14 15 -12 20 14 -1 16
15 -3 15 21 -2 17 16 -11 22 16 -9 17 18 0 23 17 -4 18 24 -10 19 20 -4 25 19
-9 21 20 -6 26 20 1 21 22 -5 27 21 -3 23 22 4 22 28 -6 24 23 -3 23 29 4 24
30 -10 26 25 -2 25 31 3 27 26 6 26 32 1 28 27 -7 33 27 4 29 28 -4 28 34 -12
29 30 2 35 29 0 30 36 -3 32 31 -7 32 33 1 34 33 -9 34 35 -5 35 36 -4 **13 16** end;

mk395: 36 60 1 2 5 7 1 -8 2 3 -2 8 2 -2 4 3 -12 9 3 -11 4 5 -2 4 10 -8
6 5 -9 11 5 -11 6 12 -4 8 7 -7 13 7 -1 9 8 -3 8 14 1 9 10 6 9 15 -3 10 11 -7
16 10 -4 11 12 -13 17 11 -8 12 18 -4 14 13 6 13 19 -13 15 14 1 20 14 0 15
16 0 21 15 -6 16 17 2 22 16 1 18 17 1 17 23 -8 24 18 -3 19 20 -3 19 25 -13
20 21 -10 20 26 -13 22 21 -10 21 27 4 23 22 -6 28 22 3 23 24 -1 29 23 -10
24 30 -11 26 25 5 25 31 -7 27 26 -7 32 26 -5 27 28 6 33 27 -5 29 28 3 28 34
-6 30 29 -2 35 29 -4 30 36 6 32 31 3 32 33 0 34 33 -8 34 35 6 35 36 -4 **9 12** end;

mk758: 36 60 1 2 -3 1 7 -10 3 2 3 2 8 3 3 4 4 3 9 6 4 5 -1 10 4 0 6 5
-6 5 11 0 6 12 -9 8 7 -3 7 13 -4 9 8 2 8 14 -6 9 10 -11 9 15 -3 11 10 0 16
10 2 12 11 1 11 17 -6 18 12 -1 14 13 6 19 13 -10 15 14 1 20 14 -8 15 16 -12
21 15 -2 17 16 0 16 22 3 18 17 -3 17 23 -2 24 18 0 20 19 -3 25 19 1 21 20
-10 26 20 4 21 22 -6 21 27 -5 22 23 -5 22 28 5 23 24 -8 23 29 6 30 24 -5
26 25 -4 31 25 -4 27 26 -2 32 26 -9 27 28 -11 27 33 -11 29 28 4 28 34 3 30
29 -3 35 29 6 30 36 -6 31 32 -4 33 32 -3 34 33 0 35 34 -5 36 35 -3 end; **9 13** end;

mk770: 36 60 2 1 -11 7 1 -12 2 3 0 8 2 0 3 4 4 9 3 -11 4 5 -5 4 10 -
10 5 6 -1 11 5 -4 12 6 -9 7 8 -10 13 7 -5 8 9 -9 14 8 -13 9 10 -13 15 9 -1 10
11 -13 10 16 4 12 11 5 17 11 -4 12 18 -11 14 13 5 13 19 -7 14 15 6 20 14 4
16 15 -13 15 21 -6 16 17 -13 16 22 1 18 17 -12 17 23 4 24 18 -2 19 20 -3 25
19 -8 21 20 -1 26 20 1 22 21 6 21 27 -2 22 23 -12 28 22 6 24 23 -3 29 23 5 30
24 -2 26 25 1 25 31 -5 27 26 0 32 26 -12 28 27 1 27 33 -5 28 29 -11 28 34 -8
30 29 -12 35 29 -6 30 36 -4 32 31 -6 33 32 6 34 33 -8 34 35 0 36 35 -10 **13 9** end;

bn333: 50 85 2 1 6 1 11 -1 3 2 -7 12 2 -7 4 3 -12 3 13 1 5 4 -7 4 14 2
5 6 -4 15 5 -7 6 7 1 6 16 6 7 8 4 17 7 -10 8 9 -13 8 18 -13 10 9 -11 9 19 -11
10 20 -13 12 11 -9 11 21 -9 13 12 -10 22 12 3 14 13 2 23 13 -2 14 15 -8 14
24 -1 16 15 -4 25 15 -6 17 16 6 16 26 4 18 17 -9 17 27 -1 19 18 6 18 28 -3
20 19 -7 29 19 -12 20 30 -10 21 22 -5 21 31 -10 22 23 3 22 32 -12 24 23 4 23
33 -12 24 25 4 34 24 -7 26 25 -7 25 35 -11 26 27 1 36 26 -8 28 27 4 27 37
1 29 28 -11 38 28 3 30 29 -3 39 29 5 30 40 -9 31 32 -13 41 31 4 32 33 -12
32 42 -1 34 33 -6 43 33 -2 34 35 4 44 34 -9 35 36 -8 35 45 -10 36 37 -10 46
36 -7 38 37 -12 37 47 0 38 39 4 38 48 2 39 40 -8 49 39 -3 40 50 -7 42 41 6
42 43 4 44 43 -12 44 45 -7 45 46 5 47 46 0 47 48 -7 48 49 -12 49 50 0 **10 13** end;

bn268: 50 85 2 1 -10 11 1 -2 3 2 5 2 12 5 4 3 0 13 3 -11 4 5 -5 14 4
-1 6 5 3 5 15 -6 7 6 -1 16 6 -6 7 8 -5 7 17 -3 9 8 2 18 8 4 10 9 0 19 9 1 20 10
-11 12 11 -13 11 21 6 13 12 -12 12 22 2 13 14 -5 23 13 -2 15 14 -8 14 24 -5
16 15 -4 25 15 -3 16 17 -1 16 26 1 17 18 6 17 27 3 19 18 -8 18 28 1 20 19 3
19 29 0 20 30 1 21 22 -2 21 31 -12 23 22 -1 32 22 2 24 23 5 33 23 -3 25 24
-13 34 24 -9 26 25 6 35 25 5 27 26 4 26 36 3 27 28 5 27 37 -13 29 28 -9 38
28 -7 30 29 2 29 39 -12 40 30 -2 31 32 -1 31 41 1 33 32 -6 32 42 -10 33 34 4
33 43 -5 34 35 0 44 34 5 35 36 4 45 35 -7 37 36 -13 46 36 -1 37 38 1 47 37 -5
39 38 -6 48 38 -9 39 40 -13 49 39 -8 40 50 -13 42 41 -5 42 43 -5 43 44 6 44
45 5 45 46 -11 47 46 -4 47 48 6 48 49 3 49 50 -6 **16 2** end;

grill41: 50 85 1 11 -20 2 1 -10 2 3 -10 3 4 -20 3 13 5 4 14 5 5 4 -40 5 6
-30 6 7 -40 7 17 5 8 7 -10 9 8 -5 10 9 -10 11 12 -10 11 21 20 12 2 5 12 22 5
13 12 -10 13 14 -10 14 15 -10 14 24 5 15 5 5 15 16 -10 16 6 5 16 26 5 17 16
-10 17 18 -10 18 8 5 18 19 -5 18 28 5 19 9 5 19 20 -10 19 29 10 20 10 5 20
30 -20 21 31 20 22 21 -10 22 23 -10 23 13 5 23 33 -10 24 23 -10 24 25 -10 25
15 5 25 35 -10 26 25 -10 26 27 -10 27 17 5 27 37 -10 28 27 -10 28 29 -10 29
39 -10 30 29 5 31 32 -10 31 41 20 32 22 -10 32 42 5 33 32 20 33 34 -10 34 24
20 34 44 -10 35 34 -10 35 36 -10 36 26 20 36 46 -20 37 36 -10 37 38 20 38 28
-10 38 48 -10 39 38 20 39 40 -10 40 30 -10 40 50 -10 42 41 -10 42 43 -30 43
33 -10 44 43 20 44 45 -10 45 35 20 46 45 -10 46 47 -10 47 37 -10 48 47 -10
48 49 -10 49 39 -10 50 49 -10 **19 33** end;

g100e1: 100 180 1 2 2 1 11 -1 2 3 3 2 12 3 4 3 1 13 3 2 4 5 6 14 4 4
6 5 5 15 5 -10 7 6 -4 6 16 -4 7 8 -1 7 17 2 9 8 -7 8 18 -5 9 10 -9 9 19 2 10
20 -13 11 12 -5 11 21 3 13 12 -13 22 12 3 14 13 -4 23 13 1 15 14 -3 14 24 3
16 15 1 25 15 6 17 16 4 26 16 -4 18 17 -9 27 17 -6 19 18 -2 18 28 -1 19 20
-11 19 29 5 20 30 6 22 21 -10 31 21 -5 23 22 6 22 32 -10 24 23 -1 33 23 5
24 25 4 34 24 2 25 26 -12 35 25 -13 27 26 -6 26 36 -10 28 27 3 37 27 -9 29
28 -6 38 28 -12 29 30 3 29 39 -7 40 30 -12 31 32 5 31 41 -1 32 33 -11 42 32
-7 33 34 -1 43 33 -7 35 34 0 34 44 -6 36 35 6 35 45 -2 36 37 -10 36 46 1 37
38 -5 47 37 0 38 39 -4 48 38 -13 39 40 6 49 39 -10 40 50 -1 41 42 -13 41 51
-4 43 42 5 42 52 -7 43 44 -7 43 53 0 44 45 -11 44 54 0 45 46 -12 45 55 1 46
47 -1 46 56 0 47 48 -4 47 57 -9 49 48 -10 58 48 5 49 50 4 49 59 -1 50 60 -1
51 52 2 51 61 0 52 53 -3 52 62 -13 54 53 -2 53 63 4 55 54 -5 54 64 -10 55
56 -10 65 55 -2 56 57 -13 56 66 -3 58 57 -3 57 67 6 58 59 0 58 68 -13 60 59
-10 59 69 2 60 70 5 62 61 -6 61 71 -10 62 63 -12 72 62 -1 63 64 -2 63 73 -5
65 64 -7 74 64 -4 66 65 3 65 75 -9 67 66 -6 66 76 3 67 68 -6 77 67 0 69 68
-8 78 68 -11 70 69 2 79 69 -10 80 70 1 71 72 -2 81 71 6 72 73 -4 72 82 -12
74 73 -6 83 73 3 74 75 -7 74 84 0 75 76 3 75 85 5 76 77 2 86 76 -7 78 77 5
77 87 3 78 79 6 78 88 -11 80 79 3 89 79 -3 80 90 -5 81 82 -11 81 91 -6 82 83
-5 92 82 0 84 83 6 83 93 0 84 85 -3 84 94 0 85 86 -6 95 85 -8 86 87 0 86 96

-9 87 88 -2 97 87 0 89 88 6 98 88 -1 89 90 6 99 89 2 90 100 -4 92 91 -1 92
93 -11 94 93 3 94 95 -2 96 95 0 96 97 -11 97 98 -1 98 99 -8 100 99 -12 **16 97** end;

g100e5: **100 180** 2 1 -10 11 1 -10 2 3 -1 12 2 -1 4 3 3 13 3 -10 4 5 3
4 14 -6 6 5 -12 15 5 -13 7 6 -13 6 16 3 8 7 -5 17 7 3 9 8 -10 18 8 -10 10 9 -1
9 19 -9 20 10 2 12 11 4 11 21 -13 12 13 -7 22 12 4 14 13 -13 13 23 0 14 15
3 24 14 -9 15 16 5 15 25 -9 16 17 -4 26 16 -7 18 17 -8 17 27 4 18 19 4 18 28
0 20 19 -13 29 19 -12 30 20 1 22 21 -8 21 31 4 23 22 -5 32 22 -12 23 24 -2
23 33 -6 25 24 -7 34 24 -3 26 25 -9 35 25 -13 26 27 -11 36 26 -6 27 28 -3 37
27 0 28 29 -11 28 38 0 30 29 -5 39 29 6 40 30 -9 31 32 -6 31 41 -7 32 33 -7
32 42 4 33 34 -7 33 43 5 35 34 -2 44 34 -12 36 35 -10 45 35 2 36 37 -12 46
36 1 38 37 -12 47 37 5 38 39 0 38 48 -4 39 40 4 49 39 -8 40 50 5 42 41 -5
51 41 4 42 43 -6 42 52 -10 43 44 -10 53 43 -7 45 44 -11 54 44 -5 45 46 0 45
55 4 46 47 -9 46 56 -11 48 47 3 57 47 1 49 48 1 48 58 -11 50 49 4 59 49 -3
50 60 -9 52 51 -12 61 51 4 52 53 0 62 52 -7 53 54 2 53 63 6 55 54 0 54 64
-8 55 56 1 65 55 -8 57 56 4 56 66 6 57 58 -5 67 57 -2 59 58 -3 68 58 -6 60
59 -1 59 69 -2 70 60 -6 62 61 -4 71 61 -3 62 63 -6 72 62 -8 63 64 -6 73 63 -4
64 65 -7 64 74 0 65 66 -2 75 65 6 66 67 -7 66 76 5 67 68 3 77 67 4 69 68 1
78 68 2 70 69 2 69 79 0 80 70 -10 72 71 -3 71 81 -4 72 73 -7 82 72 4 73 74
-10 73 83 -1 75 74 2 84 74 -10 75 76 -10 75 85 -6 76 77 -4 86 76 1 77 78 1
77 87 5 79 78 1 88 78 -6 79 80 -9 89 79 3 80 90 -5 81 82 1 91 81 -7 82 83
-10 82 92 -1 83 84 -2 93 83 3 85 84 -7 94 84 1 85 86 4 95 85 -4 86 87 -9 86
96 -7 87 88 -9 87 97 -3 88 89 -3 98 88 -13 89 90 -8 99 89 4 90 100 -1 91 92 1
92 93 -7 94 93 2 95 94 -1 95 96 -3 97 96 -9 97 98 0 99 98 -1 99 100 -6 **62 8** end;

g100e6: **100 180** 2 1 -7 11 1 -5 2 3 0 12 2 0 3 4 3 3 13 -1 5 4 -11 4
14 -6 5 6 2 5 15 6 6 7 -3 16 6 3 7 8 -6 7 17 -9 8 9 0 8 18 -3 10 9 -13 19 9
3 20 10 0 11 12 -1 21 11 -4 13 12 0 12 22 -7 14 13 0 23 13 -7 15 14 -12 24
14 -2 16 15 -6 15 25 -3 17 16 6 16 26 -13 18 17 -8 17 27 5 19 18 -2 28 18 -1
20 19 4 19 29 -12 30 20 -9 22 21 1 31 21 -5 22 23 -9 22 32 1 24 23 1 33 23
-2 24 25 -2 34 24 -6 25 26 -3 35 25 6 26 27 -1 26 36 -12 27 28 6 27 37 1 28
29 -11 38 28 -6 29 30 -8 29 39 -11 40 30 6 32 31 -5 41 31 4 32 33 3 42 32 -8
34 33 -9 33 43 6 34 35 -5 34 44 -11 36 35 0 35 45 6 36 37 -12 46 36 -9 37 38
-11 37 47 -9 39 38 2 48 38 -4 40 39 -13 39 49 -13 50 40 -13 41 42 -3 41 51 5
42 43 -8 52 42 3 44 43 3 43 53 1 44 45 3 54 44 3 45 46 6 45 55 -5 46 47 -12
46 56 -5 48 47 -7 47 57 -2 49 48 -4 58 48 -8 50 49 5 59 49 6 50 60 -5 51 52
-13 61 51 2 53 52 0 52 62 -13 54 53 5 53 63 -1 55 54 4 54 64 -10 56 55 -3 65
55 5 57 56 -5 56 66 -4 57 58 -12 57 67 -4 59 58 4 58 68 -10 59 60 -5 59 69
-6 60 70 3 62 61 -1 61 71 1 62 63 -3 72 62 -10 63 64 -13 63 73 -3 64 65 -10
64 74 -4 66 65 -1 65 75 -1 67 66 -5 76 66 -5 67 68 0 67 77 5 69 68 4 78 68
-4 69 70 0 79 69 -13 70 80 -4 71 72 -10 71 81 0 73 72 4 72 82 -10 74 73 -11
73 83 1 74 75 -3 74 84 -6 76 75 -5 85 75 -11 76 77 5 86 76 -2 77 78 1 87 77
-12 78 79 -10 78 88 -11 79 80 -12 89 79 -5 90 80 -4 81 82 -1 91 81 -4 82 83 0
92 82 0 83 84 3 83 93 3 85 84 -3 84 94 5 85 86 -6 85 95 -3 86 87 -3 96 86 2

87 88 -5 97 87 -9 89 88 -13 98 88 5 89 90 -11 99 89 -6 100 90 -11 92 91 2 92
93 2 94 93 -10 95 94 -13 95 96 3 96 97 -8 98 97 -3 99 98 0 100 99 4 **40 93** end;

g100e8: **100 180** 2 1 -9 11 1 -10 2 3 -9 2 12 -9 3 4 -11 13 3 2 5 4 4
14 4 -3 5 6 -2 15 5 -6 6 7 -11 16 6 -12 7 8 -6 17 7 0 9 8 -11 8 18 -2 9 10 -13
19 9 -8 10 20 0 11 12 4 11 21 2 12 13 4 12 22 -10 14 13 0 23 13 -8 15 14 -2
24 14 -4 15 16 4 15 25 -4 16 17 -4 26 16 5 18 17 -2 27 17 -8 19 18 -3 18 28
1 20 19 5 29 19 6 30 20 2 21 22 1 21 31 -3 22 23 -4 22 32 0 24 23 -10 23 33
-5 25 24 -12 34 24 -9 26 25 -3 35 25 4 26 27 0 36 26 -3 28 27 -6 37 27 5 28
29 -12 28 38 -12 29 30 -5 39 29 -3 30 40 4 31 32 5 41 31 -2 33 32 -8 32 42 -4
33 34 -11 43 33 1 34 35 0 44 34 -6 36 35 -1 35 45 -7 36 37 -3 36 46 4 38 37
-11 37 47 4 38 39 -3 48 38 2 39 40 1 39 49 4 50 40 -7 41 42 -9 51 41 -10 42
43 -13 42 52 5 43 44 5 43 53 -8 44 45 -12 54 44 -5 46 45 0 45 55 -4 46 47 0
46 56 -11 47 48 -3 47 57 -12 49 48 -8 58 48 -10 49 50 -1 49 59 -10 60 50 -7
51 52 -1 61 51 -4 53 52 -6 52 62 -10 53 54 6 53 63 1 54 55 6 54 64 -6 55 56
2 55 65 6 56 57 -7 56 66 -12 58 57 -6 57 67 -7 58 59 -9 58 68 -12 59 60 2 59
69 -1 70 60 -2 61 62 -10 61 71 -13 62 63 -1 72 62 -1 63 64 -9 73 63 5 65 64 1
64 74 -13 65 66 4 65 75 -13 67 66 -1 76 66 5 68 67 -1 67 77 -9 69 68 -13 68
78 -9 69 70 2 79 69 -4 80 70 -8 72 71 -3 81 71 -12 73 72 3 82 72 -11 73 74
-12 73 83 -11 74 75 -4 84 74 -6 76 75 5 85 75 4 76 77 4 76 86 -3 78 77 5 77
87 -11 78 79 2 88 78 -5 80 79 -5 79 89 -1 90 80 2 81 82 3 91 81 2 82 83 -2
92 82 4 83 84 -1 93 83 -4 85 84 -3 84 94 5 86 85 3 85 95 6 87 86 6 96 86 -13
88 87 1 87 97 -12 88 89 4 98 88 -7 89 90 -5 99 89 -7 100 90 -5 92 91 -10 93
92 -4 93 94 -10 94 95 -8 95 96 -10 96 97 5 97 98 -3 98 99 4 100 99 -6 **12 65** end;

g100e9: **100 180** 2 1 -11 1 11 -11 2 3 1 2 12 1 4 3 5 13 3 1 4 5 -7 4
14 -5 6 5 -11 15 5 -1 7 6 -9 16 6 -2 8 7 -5 17 7 -5 9 8 5 8 18 -11 10 9 -3 9 19
-8 20 10 -4 12 11 -10 11 21 -8 13 12 -2 22 12 5 13 14 -13 23 13 -12 14 15 -13
24 14 -6 16 15 -11 25 15 -3 16 17 1 26 16 -9 18 17 -2 27 17 -1 18 19 -7 18
28 -6 19 20 -1 29 19 2 30 20 -10 21 22 -9 31 21 -12 22 23 -7 22 32 -9 23 24
-7 23 33 -12 24 25 6 24 34 4 25 26 5 35 25 1 27 26 -3 36 26 2 27 28 0 27 37
-3 28 29 4 28 38 0 29 30 6 29 39 3 40 30 -8 32 31 -1 41 31 -12 32 33 -12 42
32 -6 33 34 -9 33 43 -10 35 34 4 34 44 0 36 35 5 45 35 -10 37 36 -9 36 46 -8
37 38 -4 37 47 6 39 38 5 38 48 0 39 40 -3 39 49 -4 40 50 -2 42 41 1 51 41 2
42 43 -4 52 42 -9 44 43 -9 53 43 -9 45 44 1 44 54 5 46 45 2 45 55 -11 47 46
-9 56 46 -1 47 48 -5 47 57 1 49 48 3 58 48 6 49 50 -5 49 59 -13 60 50 -5 52
51 -2 61 51 -1 52 53 3 62 52 -5 54 53 5 53 63 -8 55 54 -4 64 54 -10 55 56 4
65 55 -13 57 56 -7 66 56 -6 57 58 6 67 57 -1 58 59 0 58 68 -5 59 60 -4 69 59
-12 60 70 5 62 61 5 61 71 6 62 63 -11 72 62 -1 64 63 -11 63 73 5 65 64 4 74
64 2 66 65 -2 75 65 1 67 66 -9 76 66 -3 68 67 -9 77 67 5 68 69 -5 78 68 -10
70 69 -13 69 79 -8 70 80 -3 72 71 3 81 71 -12 73 72 -6 72 82 -13 73 74 -7 83
73 -8 75 74 -3 74 84 1 76 75 -7 85 75 2 77 76 -10 86 76 -6 78 77 -5 77 87 -10
78 79 4 78 88 -10 80 79 -11 79 89 0 90 80 1 82 81 -12 81 91 -9 83 82 6 82
92 -4 84 83 -8 93 83 0 84 85 -2 84 94 -5 85 86 -7 95 85 -6 87 86 2 86 96 -11

88 87 -10 97 87 -13 89 88 -12 88 98 -7 89 90 -11 89 99 2 100 90 2 91 92 4
93 92 -4 93 94 -8 94 95 -3 95 96 -2 96 97 4 97 98 -3 99 98 -4 99 100 5 **47 46** end;

g100e10: 100 180 2 1 -5 1 11 -1 3 2 -4 2 12 -4 3 4 2 3 13 -8 4 5 0 4
14 -6 6 5 -10 5 15 4 6 7 2 6 16 -10 8 7 1 17 7 2 8 9 -11 18 8 2 9 10 -9 19 9
-11 20 10 5 11 12 1 21 11 -9 12 13 -11 12 22 0 13 14 0 23 13 5 15 14 -8 14 24
0 15 16 5 15 25 -10 17 16 -11 26 16 -3 18 17 -9 27 17 1 19 18 -8 18 28 -13 19
20 1 29 19 1 20 30 -1 22 21 5 21 31 0 22 23 3 32 22 -11 23 24 2 33 23 -4 24
25 6 24 34 -5 25 26 -3 35 25 -4 26 27 -3 36 26 -4 28 27 -12 37 27 -2 29 28 -13
38 28 -10 29 30 0 39 29 -4 40 30 2 31 32 -7 41 31 -13 32 33 -13 42 32 -3 34
33 6 43 33 -1 34 35 -9 34 44 -12 36 35 -10 35 45 -8 36 37 -11 46 36 -8 38 37
1 37 47 -11 38 39 -8 38 48 -7 40 39 -13 39 49 5 40 50 5 41 42 -4 51 41 -11 42
43 -7 52 42 -6 44 43 -6 43 53 -7 44 45 -11 44 54 -7 45 46 -1 45 55 -4 47 46 0
56 46 -4 48 47 5 47 57 -12 48 49 -3 58 48 -11 50 49 -3 49 59 -13 50 60 -1 51
52 -3 61 51 -13 53 52 -10 62 52 -8 54 53 -13 63 53 -1 55 54 -8 64 54 -8 55 56
0 55 65 -5 57 56 -6 56 66 -13 58 57 -3 57 67 -11 59 58 -4 68 58 5 60 59 -10
69 59 -1 70 60 -5 61 62 4 61 71 -1 62 63 -10 72 62 -10 64 63 -12 63 73 3 65
64 -4 64 74 -3 66 65 -11 65 75 4 67 66 0 76 66 -8 67 68 -10 77 67 -4 69 68 -9
78 68 2 69 70 -10 79 69 -13 70 80 -2 72 71 -11 81 71 -7 72 73 -1 72 82 -6 74
73 -3 73 83 -1 74 75 3 74 84 -2 75 76 3 75 85 2 77 76 -13 86 76 -12 78 77 0
87 77 -3 78 79 1 78 88 -5 80 79 2 89 79 -3 90 80 -12 82 81 -12 81 91 -1 83 82
-3 82 92 -2 83 84 5 93 83 4 84 85 3 94 84 -13 86 85 -8 85 95 2 87 86 -4 86 96
-13 88 87 -3 87 97 -8 88 89 -13 88 98 -13 90 89 4 99 89 -10 90 100 2 91 92 -9
93 92 -7 93 94 6 94 95 -12 96 95 2 96 97 1 97 98 -4 98 99 0 100 99 2 **70 73** end;

g100e12: 100 180 2 1 -8 11 1 -13 2 3 -4 2 12 -4 4 3 -5 3 13 0 4 5 -3
4 14 1 5 6 2 15 5 5 6 7 -3 6 16 -9 7 8 2 17 7 3 9 8 -9 18 8 5 9 10 0 9 19 -10
20 10 -11 12 11 3 21 11 -8 12 13 -12 12 22 4 13 14 -10 23 13 -9 14 15 -2 24
14 -5 15 16 -3 25 15 5 16 17 -13 26 16 -8 17 18 -11 17 27 -12 18 19 5 18 28
-8 19 20 -4 19 29 -9 20 30 -13 21 22 0 31 21 3 23 22 -3 22 32 -9 23 24 -11 23
33 -12 24 25 3 34 24 0 25 26 -3 25 35 -13 26 27 -6 26 36 2 28 27 6 27 37 -8
29 28 2 38 28 -6 29 30 -9 39 29 -2 30 40 6 31 32 4 41 31 1 32 33 -3 42 32 -8
34 33 -9 33 43 -4 35 34 -10 34 44 -10 36 35 2 35 45 -5 36 37 -5 46 36 2 38
37 -11 47 37 -7 39 38 5 48 38 -12 40 39 5 39 49 -3 40 50 1 42 41 -9 51 41 -4
43 42 -2 42 52 -13 43 44 -13 53 43 -8 44 45 -5 44 54 3 46 45 1 45 55 1 47 46
3 46 56 3 48 47 -2 57 47 -3 49 48 6 58 48 -10 49 50 -2 49 59 -6 50 60 1 52
51 -6 51 61 2 53 52 -6 52 62 5 54 53 -2 63 53 -2 54 55 4 54 64 -2 55 56 -4
65 55 -10 56 57 -6 66 56 -8 57 58 -6 67 57 -7 58 59 3 58 68 -13 60 59 4 69
59 2 60 70 -12 62 61 -2 71 61 -12 62 63 -9 72 62 5 63 64 6 63 73 5 64 65 -8
64 74 -11 66 65 -3 65 75 -12 67 66 -11 66 76 -5 67 68 -8 77 67 -3 69 68 -3
68 78 -9 69 70 -10 69 79 -13 80 70 0 71 72 -2 81 71 -8 72 73 5 72 82 4 74 73
-6 83 73 3 75 74 -3 74 84 -8 76 75 -10 85 75 -13 77 76 -2 76 86 6 78 77 2 87
77 -12 78 79 -11 88 78 4 79 80 -9 89 79 -12 80 90 3 82 81 -4 81 91 -2 83 82
-10 92 82 -6 84 83 0 93 83 -8 85 84 1 94 84 -3 85 86 6 85 95 -10 86 87 -9 96

86 2 88 87 -5 87 97 -5 88 89 2 88 98 -8 89 90 -5 89 99 5 100 90 -7 91 92 5
93 92 5 93 94 -8 95 94 -3 96 95 1 97 96 0 97 98 -5 99 98 -11 99 100 0 **40 84** end;

g100e14: 100 180 1 2 -7 11 1 -5 3 2 -5 2 12 -5 3 4 -4 13 3 -11 5 4 4
4 14 1 5 6 -4 5 15 3 7 6 -12 16 6 5 8 7 5 7 17 -7 8 9 5 8 18 -3 9 10 -6 9 19
2 20 10 -8 12 11 1 21 11 -4 12 13 -3 22 12 -13 13 14 6 23 13 -9 15 14 -12
14 24 3 16 15 0 15 25 3 17 16 -8 16 26 -3 18 17 -4 17 27 6 19 18 0 18 28 -6
20 19 -2 29 19 -6 30 20 0 21 22 -11 31 21 -8 23 22 4 22 32 -13 24 23 -1 23
33 -1 24 25 -7 24 34 0 26 25 -10 25 35 -10 27 26 -4 26 36 -6 28 27 -2 27 37
-3 29 28 3 38 28 -4 30 29 -4 39 29 -13 40 30 -9 32 31 4 41 31 1 32 33 -3 42
32 -2 33 34 -6 43 33 -5 35 34 1 34 44 4 36 35 -7 35 45 -2 37 36 -13 46 36 -5
37 38 3 47 37 -3 38 39 -4 48 38 -1 40 39 -1 49 39 -11 40 50 -4 41 42 -7 51
41 4 42 43 -9 42 52 -6 43 44 -6 43 53 0 44 45 4 44 54 -10 45 46 -11 55 45
-1 46 47 4 46 56 4 47 48 -9 47 57 -4 49 48 -9 58 48 2 50 49 -2 49 59 -6 50
60 -12 51 52 5 61 51 -3 52 53 6 52 62 -1 54 53 -7 53 63 -1 55 54 6 64 54 -13
55 56 -4 65 55 -6 56 57 -8 66 56 -3 57 58 4 57 67 -1 59 58 2 58 68 -1 60 59
-6 69 59 -2 70 60 -9 62 61 -6 61 71 -9 63 62 -6 62 72 0 63 64 6 73 63 -2 64
65 4 64 74 -10 66 65 -10 75 65 -2 67 66 -1 66 76 -4 67 68 6 77 67 1 68 69
0 68 78 -5 70 69 -7 79 69 5 80 70 -9 72 71 -8 71 81 -2 72 73 -4 72 82 -8 74
73 -3 73 83 6 74 75 -5 84 74 -4 75 76 4 85 75 6 77 76 -8 76 86 -11 78 77 2
77 87 -2 79 78 4 78 88 -7 79 80 4 89 79 -11 90 80 5 82 81 -5 91 81 5 82 83
4 82 92 5 84 83 -2 83 93 3 85 84 -6 94 84 6 86 85 6 95 85 1 87 86 -11 96 86
-5 87 88 4 97 87 -12 89 88 -3 88 98 -3 89 90 -3 99 89 -2 90 100 -12 91 92 -4
93 92 2 94 93 3 95 94 6 96 95 -7 97 96 0 97 98 -1 99 98 -13 99 100 -9 **53 32** end;

g100e15: 100 180 2 1 -13 11 1 1 2 3 -9 2 12 -9 3 4 -2 13 3 4 4 5 -3 4
14 2 5 6 3 15 5 -6 6 7 1 6 16 3 7 8 -13 17 7 -2 8 9 -6 8 18 1 9 10 -1 19 9 -13
20 10 -6 11 12 2 11 21 -4 12 13 -10 22 12 -1 13 14 -7 23 13 -10 14 15 6 24 14
3 16 15 4 15 25 -13 17 16 0 16 26 -4 18 17 -6 27 17 -3 19 18 -6 28 18 6 20 19
2 29 19 -1 20 30 -10 21 22 -12 31 21 -10 23 22 5 22 32 6 24 23 -9 23 33 -1
25 24 3 24 34 -10 25 26 -6 35 25 -11 26 27 -6 26 36 -3 27 28 -7 37 27 -8 28
29 -2 28 38 2 29 30 -8 39 29 -9 30 40 -2 32 31 -9 41 31 -13 33 32 6 32 42 1
34 33 3 33 43 -2 34 35 -4 34 44 6 35 36 -12 45 35 -5 36 37 1 46 36 -12 38 37
-1 47 37 -3 39 38 1 38 48 -11 40 39 -13 39 49 -13 50 40 6 42 41 6 51 41 -3
43 42 -1 42 52 -9 43 44 -9 53 43 5 44 45 6 54 44 -5 46 45 -1 45 55 -1 47 46
-10 46 56 -6 48 47 -8 47 57 4 49 48 4 48 58 -12 49 50 -12 49 59 -8 60 50 2
51 52 -3 61 51 -13 53 52 6 62 52 -6 53 54 6 63 53 -8 54 55 6 64 54 -8 56 55
-12 55 65 -3 56 57 -4 56 66 6 57 58 -4 57 67 1 59 58 -7 58 68 -3 60 59 3 69
59 -10 70 60 -2 61 62 -4 71 61 -5 62 63 -11 72 62 0 64 63 -3 63 73 4 65 64
-1 64 74 -1 66 65 -13 65 75 4 67 66 -5 66 76 -4 68 67 -3 77 67 0 68 69 4 78
68 -3 70 69 -3 79 69 -8 70 80 0 71 72 -13 81 71 -4 72 73 -4 82 72 -4 74 73 -3
73 83 -13 75 74 2 84 74 -12 76 75 -6 75 85 -2 77 76 3 86 76 0 77 78 0 87 77
-9 79 78 -5 88 78 6 80 79 -5 89 79 -1 90 80 -9 81 82 3 91 81 -4 83 82 -12 92
82 6 84 83 1 83 93 2 85 84 4 94 84 5 85 86 -6 95 85 4 87 86 -1 96 86 -7 87

88 6 97 87 -11 89 88 -10 98 88 -1 89 90 -13 99 89 -6 90 100 -3 92 91 -3 93
92 2 93 94 4 95 94 -2 96 95 -1 97 96 2 98 97 -12 99 98 -12 99 100 -1 **57 28** end;

g100e17: 100 180 2 1 -11 11 1 -2 3 2 -7 12 2 -7 4 3 -9 13 3 -13 5 4 4
14 4 3 6 5 6 15 5 1 6 7 -13 6 16 -8 8 7 -2 7 17 -5 9 8 5 18 8 -6 10 9 -2 19
9 3 20 10 5 11 12 -8 11 21 6 12 13 2 12 22 -11 13 14 3 23 13 6 15 14 -1 14
24 -11 15 16 -2 25 15 -2 17 16 -6 16 26 -3 18 17 -4 27 17 -5 18 19 -6 28 18 1
20 19 1 19 29 -5 20 30 -1 21 22 -9 31 21 -11 22 23 -11 32 22 -9 24 23 1 33
23 -11 25 24 5 24 34 5 26 25 -2 35 25 -6 27 26 -10 36 26 5 28 27 4 27 37 6
29 28 -12 38 28 -9 29 30 -8 39 29 -9 40 30 0 31 32 1 41 31 6 32 33 -13 42
32 -8 33 34 -9 43 33 -6 35 34 -11 34 44 3 36 35 -8 45 35 -11 36 37 3 46 36
-13 38 37 5 47 37 1 39 38 -2 38 48 -1 40 39 -1 49 39 2 50 40 4 41 42 5 41
51 -4 43 42 3 52 42 -2 44 43 -2 43 53 -2 45 44 -7 54 44 -12 45 46 -9 55 45
5 46 47 3 56 46 -1 48 47 -6 57 47 -12 48 49 6 58 48 -7 50 49 -3 59 49 0 60
50 -1 52 51 0 51 61 4 53 52 -12 62 52 -8 54 53 -5 63 53 -8 55 54 -5 54 64 -4
56 55 -13 65 55 4 56 57 4 66 56 6 58 57 -1 67 57 0 59 58 -6 58 68 -8 60 59
-12 59 69 -5 70 60 -2 61 62 0 71 61 5 62 63 -9 62 72 -6 63 64 -12 73 63 -1
64 65 -11 74 64 -2 66 65 -8 65 75 1 66 67 0 76 66 1 67 68 -2 67 77 -13 68
69 -9 78 68 -7 69 70 3 69 79 -13 70 80 -7 72 71 -9 71 81 2 73 72 2 72 82 -10
73 74 5 73 83 1 74 75 -9 74 84 3 76 75 1 85 75 -13 77 76 -11 76 86 0 78 77
-7 77 87 6 79 78 6 78 88 -2 80 79 5 79 89 -1 90 80 2 81 82 6 81 91 -4 82 83
6 82 92 -8 83 84 -13 83 93 3 84 85 0 94 84 3 86 85 -2 85 95 2 87 86 -4 86
96 6 87 88 -3 87 97 5 89 88 5 98 88 0 89 90 -12 89 99 5 90 100 -6 91 92 -7
93 92 -5 93 94 3 95 94 -3 96 95 -7 97 96 -5 98 97 4 98 99 0 100 99 -8 **69 33** end;

g200e2: 200 342 2 1 -8 1 11 -6 3 2 6 2 12 6 4 3 -2 13 3 1 5 4 0 14 4
-13 6 5 -7 5 15 -4 6 7 -5 16 6 2 7 8 -6 17 7 -12 9 8 -11 8 18 -5 9 10 -10 19
9 0 20 10 2 12 11 1 21 11 0 12 13 4 22 12 -4 13 14 -12 13 23 -8 15 14 -9 24
14 -12 15 16 2 25 15 3 17 16 -12 26 16 1 18 17 -7 27 17 -10 18 19 -13 18 28
1 20 19 6 29 19 -6 30 20 -1 21 22 2 31 21 -11 22 23 -10 22 32 -7 24 23 -5 33
23 2 25 24 -3 24 34 1 26 25 4 35 25 -13 27 26 6 26 36 -4 28 27 -10 37 27 3
29 28 -8 28 38 6 29 30 -13 39 29 -1 30 40 -11 31 32 -4 31 41 -2 32 33 -11 42
32 -7 34 33 3 43 33 6 34 35 5 34 44 2 36 35 -10 45 35 -11 36 37 -13 46 36 -5
38 37 -11 37 47 -8 38 39 -12 38 48 3 39 40 -13 39 49 -6 50 40 -4 41 42 -13 51
41 4 42 43 -10 52 42 -10 44 43 -10 43 53 3 45 44 -11 44 54 -4 45 46 5 45 55
-12 46 47 -12 46 56 -5 48 47 -1 57 47 4 49 48 -5 58 48 -11 50 49 6 49 59 3 60
50 -3 51 52 -8 61 51 -11 53 52 -12 52 62 -1 54 53 4 53 63 -13 54 55 -9 54 64
-9 55 56 -12 55 65 -10 56 57 5 66 56 -6 58 57 -6 57 67 -11 59 58 -5 68 58 -5
60 59 0 69 59 -12 60 70 0 61 62 6 62 63 4 63 64 -4 65 64 3 66 65 -6 67 66 2
67 68 4 69 68 -12 70 69 -2 80 70 -7 72 71 -10 71 81 -1 72 73 5 82 72 -9 74 73
-1 83 73 1 75 74 -6 74 84 0 76 75 3 75 85 -13 76 77 -6 86 76 -13 78 77 5 87
77 -5 78 79 3 78 88 -6 80 79 -5 89 79 -6 80 90 6 82 81 -8 91 81 6 82 83 -12
82 92 -5 84 83 -3 83 93 -10 85 84 3 94 84 -10 85 86 -9 95 85 5 87 86 5 96 86
-2 88 87 -13 97 87 4 89 88 -12 98 88 4 89 90 5 99 89 6 90 100 -7 91 92 1 92

93 -13 93 94 -8 95 94 2 96 95 -2 96 97 -1 98 97 -7 98 99 -4 100 99 -3 101 102
2 111 101 0 102 103 -9 102 112 -9 103 104 -1 113 103 -8 104 105 3 104 114
-5 106 105 5 115 105 -7 107 106 1 106 116 -4 107 108 5 117 107 -5 109 108
-9 118 108 1 110 109 4 109 119 -2 120 110 -1 112 111 -10 111 121 -10 113
112 6 112 122 -4 113 114 -10 123 113 -4 115 114 -1 124 114 3 116 115 0 115
125 -2 117 116 -12 126 116 -3 117 118 -6 117 127 -9 119 118 5 118 128 -4
119 120 -5 129 119 -10 130 120 -5 122 121 -1 131 121 1 122 123 -12 132 122
-6 124 123 -11 123 133 -9 124 125 -11 134 124 -13 125 126 -1 125 135 3 127
126 -10 136 126 -7 128 127 -4 127 137 1 128 129 -12 128 138 -12 130 129 3
139 129 5 140 130 4 131 132 -3 131 141 -1 132 133 0 142 132 3 133 134 -1
133 143 -6 134 135 -6 134 144 -4 135 136 -11 145 135 3 137 136 0 136 146
-11 138 137 2 147 137 -6 138 139 6 138 148 5 139 140 -4 139 149 1 140 150
5 141 142 6 141 151 -2 143 142 -3 152 142 -8 144 143 -8 143 153 -2 144 145
-7 154 144 -8 145 146 -8 155 145 -9 146 147 5 156 146 6 148 147 5 147 157
-3 149 148 -2 158 148 0 150 149 -9 149 159 -1 150 160 -8 152 151 -7 161 151
-1 153 152 3 162 152 6 154 153 6 153 163 -12 155 154 -7 154 164 -3 155 156
-8 165 155 -9 157 156 -8 166 156 -4 157 158 -6 157 167 -4 158 159 0 158 168
-8 159 160 -10 169 159 4 160 170 2 162 161 -12 162 163 -10 163 164 -9 165
164 -10 166 165 6 167 166 -3 167 168 -5 168 169 -11 169 170 -6 170 180 -6
171 172 0 171 181 -1 173 172 -4 172 182 5 174 173 1 173 183 4 174 175 -6
184 174 -7 176 175 6 175 185 5 177 176 -5 186 176 -1 178 177 3 187 177 -2
179 178 -11 178 188 -13 180 179 5 179 189 -11 180 190 2 182 181 1 181 191
3 183 182 -11 182 192 3 184 183 -11 193 183 -9 184 185 -12 184 194 -9 186
185 -11 185 195 5 186 187 5 196 186 -1 188 187 -1 187 197 -2 189 188 5 198
188 -1 190 189 -7 199 189 6 190 200 3 191 192 -8 192 193 -9 194 193 1 195
194 -12 195 196 6 197 196 -9 197 198 -6 198 199 -2 200 199 3 **45 2** end;

g200e4: 200 342 2 1 6 1 11 4 2 3 1 12 2 1 3 4 3 3 13 -9 5 4 -10 14 4
-9 6 5 6 15 5 -1 6 7 -4 6 16 -9 7 8 -2 7 17 -6 8 9 6 18 8 -10 10 9 -5 19 9 1
10 20 -11 11 12 -5 21 11 -9 12 13 6 12 22 -2 14 13 5 13 23 4 15 14 6 24 14
-6 15 16 -11 25 15 2 17 16 -7 16 26 -3 17 18 -13 27 17 3 18 19 3 28 18 -2 20
19 4 29 19 -13 20 30 -11 21 22 -5 21 31 5 22 23 -8 22 32 5 24 23 -12 33 23
-8 25 24 6 24 34 -12 26 25 2 25 35 -3 26 27 6 26 36 -8 28 27 3 37 27 3 28
29 -9 38 28 -1 29 30 -13 29 39 -8 30 40 -7 32 31 -2 31 41 -11 33 32 3 32 42
5 33 34 5 33 43 4 35 34 -2 34 44 4 35 36 -7 35 45 3 37 36 -5 36 46 -9 38 37
-1 47 37 -2 38 39 -7 38 48 4 40 39 -9 39 49 0 40 50 -11 42 41 2 41 51 -7 43
42 -8 42 52 2 43 44 2 53 43 -10 44 45 -3 54 44 -13 45 46 0 55 45 3 46 47 0
46 56 3 48 47 -5 47 57 -8 48 49 -8 58 48 -7 50 49 -7 49 59 2 60 50 -3 52 51
5 51 61 2 52 53 -3 52 62 -5 53 54 -12 53 63 6 54 55 -3 54 64 -2 55 56 -7 65
55 -4 56 57 -11 66 56 -11 58 57 0 57 67 -11 59 58 -11 68 58 -5 60 59 -7 59
69 -13 70 60 -13 02 61 -7 03 62 -1 64 63 0 04 05 -9 00 05 -11 07 00 0 08 07
-8 68 69 -11 69 70 -1 70 80 -13 72 71 -11 71 81 -5 72 73 3 72 82 -11 74 73
4 83 73 -4 75 74 -13 84 74 -5 76 75 -8 85 75 -12 77 76 -9 86 76 -12 77 78 4
87 77 0 79 78 -9 88 78 -2 80 79 5 79 89 -1 90 80 -12 81 82 -7 81 91 -6 83

82 -2 92 82 -4 84 83 2 93 83 2 85 84 -2 94 84 2 86 85 1 85 95 -3 86 87 2 96
86 -4 87 88 3 87 97 -9 88 89 -4 98 88 2 90 89 6 99 89 -2 90 100 -2 92 91 -5
92 93 -7 93 94 -5 94 95 5 96 95 4 97 96 -10 97 98 -5 99 98 5 100 99 -10 101
102 -10 111 101 -4 102 103 -9 102 112 -9 104 103 -3 113 103 5 104 105 -2
114 104 0 106 105 -3 105 115 -7 107 106 1 106 116 1 108 107 -11 117 107
4 109 108 -13 108 118 -11 109 110 -11 119 109 -8 110 120 3 112 111 -7 111
121 -13 113 112 4 122 112 -10 114 113 2 123 113 -11 115 114 6 124 114 -1
116 115 1 115 125 0 116 117 2 126 116 -1 117 118 3 117 127 4 119 118 0 128
118 -11 119 120 2 119 129 -1 130 120 -10 121 122 -12 121 131 4 122 123 5
132 122 4 124 123 -2 123 133 -12 124 125 -9 134 124 -11 125 126 3 135 125
-5 127 126 -8 136 126 -10 128 127 -3 137 127 -9 129 128 -8 128 138 3 129
130 -1 129 139 3 130 140 -7 131 132 3 141 131 -13 132 133 -3 142 132 -8 133
134 1 133 143 3 134 135 -7 134 144 6 136 135 4 145 135 2 137 136 -6 146
136 3 138 137 -10 137 147 -7 138 139 -9 138 148 1 140 139 -5 149 139 -6 150
140 3 141 142 4 141 151 -8 143 142 -2 152 142 1 144 143 1 143 153 -13 145
144 -12 144 154 -7 146 145 -7 145 155 5 146 147 -4 156 146 3 147 148 4 147
157 -8 149 148 -9 148 158 -4 149 150 4 149 159 1 160 150 6 152 151 -4 161
151 -11 152 153 -9 152 162 0 153 154 -2 153 163 -8 155 154 -12 154 164 -1
156 155 -5 165 155 3 157 156 1 156 166 4 157 158 0 167 157 -1 159 158 1
168 158 1 159 160 6 159 169 -4 170 160 -7 161 162 4 162 163 -6 164 163 2
164 165 -1 165 166 -1 167 166 2 168 167 -8 168 169 -6 169 170 -1 180 170 3
171 172 1 181 171 -8 173 172 6 172 182 5 174 173 -6 173 183 -13 174 175 -6
174 184 3 176 175 -7 175 185 -1 177 176 -12 186 176 -2 177 178 2 177 187
-2 178 179 0 178 188 -1 179 180 -9 189 179 -10 190 180 -6 181 182 -6 181
191 -5 183 182 -5 192 182 2 183 184 -8 193 183 -3 185 184 -10 184 194 6 185
186 -9 195 185 -7 187 186 4 186 196 1 188 187 -2 187 197 0 189 188 -12 188
198 -1 189 190 1 199 189 -6 190 200 6 191 192 -7 193 192 2 193 194 6 195
194 -13 196 195 -4 196 197 -13 198 197 -7 199 198 -13 200 199 1 **157 103** end;

dav763: 200 370 1 2 1 1 11 -7 3 2 -5 12 2 -5 4 3 3 13 3 -6 4 5 0 4 14
-3 6 5 -12 15 5 5 7 6 -1 6 16 1 8 7 -4 17 7 4 8 9 1 18 8 1 9 10 0 19 9 -7 10
20 6 11 12 6 21 11 -12 12 13 3 22 12 5 14 13 -5 13 23 2 15 14 -9 24 14 6 16
15 6 25 15 5 17 16 -4 26 16 3 18 17 0 27 17 -12 18 19 -8 28 18 -2 20 19 -1
19 29 5 20 30 -12 22 21 -1 31 21 -1 23 22 -12 32 22 -4 24 23 0 23 33 -12 25
24 -3 24 34 3 25 26 -2 35 25 -2 27 26 -12 36 26 -12 28 27 -2 27 37 0 29 28
-11 28 38 4 29 30 -8 39 29 -11 40 30 -1 31 32 2 41 31 -3 32 33 1 32 42 4 34
33 2 33 43 -11 35 34 -13 34 44 0 35 36 2 45 35 3 37 36 2 46 36 2 38 37 -7 47
37 -10 39 38 -9 38 48 -11 39 40 -4 39 49 -7 40 50 -9 41 42 -13 51 41 -9 42
43 -5 42 52 -13 43 44 -13 43 53 -1 44 45 -1 54 44 6 45 46 5 55 45 0 46 47 3
46 56 -10 48 47 -9 47 57 0 48 49 -6 48 58 -11 50 49 -13 49 59 -12 60 50 6 52
51 -3 51 61 -4 53 52 -1 52 62 1 53 54 -11 53 63 6 55 54 -3 64 54 4 56 55 -3
65 55 2 57 56 4 56 66 4 58 57 5 57 67 -3 59 58 -9 58 68 -11 59 60 -7 69 59
-4 60 70 -11 62 61 -9 71 61 2 63 62 -5 72 62 -13 64 63 2 73 63 4 64 65 -12
64 74 1 66 65 6 65 75 3 66 67 -6 76 66 -2 67 68 6 77 67 -13 68 69 -7 68 78

-1 69 70 -13 79 69 -3 70 80 -2 71 72 -12 81 71 -3 73 72 0 82 72 -4 74 73 1 83
73 -6 75 74 6 84 74 1 76 75 1 75 85 -7 77 76 -12 76 86 6 78 77 -7 77 87 3
79 78 6 88 78 2 80 79 5 89 79 -6 90 80 -9 81 82 -9 81 91 -6 82 83 -4 92 82 5
84 83 -7 93 83 0 84 85 5 84 94 -5 85 86 2 95 85 -13 86 87 1 86 96 -6 88 87
-11 87 97 -5 88 89 -12 98 88 -5 89 90 -7 89 99 -13 90 100 -2 91 92 0 91 101
-13 93 92 -13 92 102 0 94 93 6 103 93 -9 95 94 -7 94 104 -10 96 95 -1 105
95 -3 97 96 -9 96 106 -12 97 98 -9 97 107 -12 99 98 -12 108 98 -10 100 99 1
99 109 -6 110 100 -13 102 101 -12 111 101 -7 103 102 3 112 102 3 104 103
-2 103 113 -7 105 104 -12 114 104 6 106 105 -9 105 115 0 106 107 1 106 116
-8 107 108 -12 107 117 5 109 108 -13 118 108 -9 110 109 -4 109 119 5 120
110 -13 112 111 -3 121 111 -13 112 113 -1 122 112 -3 113 114 -8 123 113 -7
114 115 -4 124 114 5 115 116 5 125 115 -3 117 116 -8 126 116 -3 118 117 -9
117 127 2 119 118 -1 118 128 -10 119 120 -11 129 119 1 130 120 -12 121 122
-10 131 121 -8 122 123 -13 122 132 -12 124 123 3 133 123 -10 125 124 -10
124 134 2 125 126 -9 135 125 6 127 126 5 126 136 -11 127 128 -11 127 137 5
129 128 -11 138 128 -8 130 129 0 139 129 -2 140 130 -4 132 131 -8 141 131
4 133 132 3 142 132 -6 134 133 -12 143 133 -10 134 135 -4 134 144 -2 136
135 1 135 145 6 136 137 -11 146 136 -10 137 138 -5 147 137 -12 138 139 -10
138 148 1 140 139 0 139 149 -11 140 150 -8 141 142 5 141 151 -7 142 143 -4
142 152 6 143 144 6 143 153 -10 144 145 1 154 144 -1 146 145 -4 145 155 5
146 147 -6 156 146 -10 147 148 -11 157 147 -13 148 149 -8 158 148 5 150 149
-9 159 149 -2 160 150 -2 152 151 6 161 151 2 152 153 -12 152 162 -13 153
154 -12 153 163 -7 155 154 4 164 154 -3 155 156 4 165 155 -11 157 156 -5
166 156 2 158 157 -5 167 157 3 158 159 -6 168 158 6 159 160 -7 159 169 -2
170 160 -5 161 162 -2 171 161 -6 162 163 4 162 172 -7 163 164 -13 163 173
6 164 165 -8 164 174 -10 166 165 -1 165 175 3 166 167 -6 166 176 2 168 167
-12 177 167 -12 169 168 2 178 168 -7 170 169 1 169 179 -7 170 180 -13 172
171 -6 171 181 -9 173 172 -1 182 172 -12 174 173 -8 173 183 0 175 174 -12
174 184 4 176 175 -12 175 185 5 177 176 -12 176 186 6 178 177 -12 177 187
5 178 179 -9 188 178 -5 179 180 -3 179 189 -5 180 190 -4 181 182 3 191 181
-13 182 183 -13 192 182 -11 183 184 -11 193 183 -12 185 184 -11 184 194 5
186 185 4 185 195 0 187 186 -2 186 196 1 188 187 -4 187 197 6 189 188 5
198 188 -6 190 189 -1 199 189 -6 200 190 0 191 192 -5 192 193 1 193 194 -3
195 194 4 195 196 2 196 197 -8 197 198 -8 199 198 -12 199 200 -12 **48 12** end;

dav229: **200 370** 2 1 -10 11 1 -3 3 2 -8 2 12 -8 4 3 -8 13 3 -10 4 5 1
14 4 1 6 5 -3 5 15 3 7 6 -3 16 6 6 8 7 4 17 7 5 9 8 -5 8 18 -4 9 10 -10 9 19 5
20 10 -3 11 12 5 21 11 -12 12 13 -4 22 12 -7 14 13 -4 23 13 -5 15 14 4 24 14
2 16 15 -2 25 15 -12 16 17 0 26 16 0 17 18 -4 27 17 -8 18 19 -1 18 28 6 20 19
-3 19 29 -2 20 30 2 22 21 4 21 31 -5 23 22 -9 32 22 3 24 23 -10 23 33 -10 24
25 1 34 24 -9 26 25 -9 35 25 3 27 26 5 26 36 -11 28 27 -9 27 37 -5 29 28 -10
28 38 1 29 30 -2 39 29 -10 40 30 -6 31 32 6 31 41 -3 32 33 -11 32 42 -6 33 34
-13 43 33 -5 34 35 6 44 34 -10 35 36 -12 35 45 -10 37 36 -13 46 36 -6 38 37
-10 47 37 3 38 39 -3 48 38 -12 39 40 -1 39 49 -6 40 50 6 42 41 1 51 41 2 43

42 -13 52 42 4 44 43 4 53 43 1 45 44 -2 44 54 -10 46 45 -11 45 55 -3 46 47 4
46 56 -12 47 48 0 47 57 4 49 48 5 48 58 6 49 50 -5 59 49 -9 60 50 -3 52 51
-4 61 51 -10 53 52 0 62 52 -7 54 53 -8 53 63 -4 55 54 -6 64 54 -13 55 56 -12
55 65 5 56 57 -4 66 56 -4 58 57 1 57 67 -9 59 58 -7 58 68 6 60 59 6 69 59 -12
70 60 4 61 62 -3 71 61 -11 62 63 -9 72 62 2 63 64 2 73 63 4 64 65 -13 64 74
-11 65 66 -11 75 65 -4 67 66 -6 76 66 -5 68 67 -13 77 67 -4 68 69 -6 68 78 -13
69 70 2 69 79 -12 70 80 -8 71 72 -6 81 71 -3 73 72 -2 72 82 -13 74 73 -7 83
73 -10 75 74 2 74 84 -4 76 75 -10 85 75 5 76 77 2 76 86 -2 78 77 3 87 77 0
78 79 -6 88 78 -1 80 79 -8 89 79 -11 80 90 -9 81 82 0 91 81 -1 83 82 -2 82 92
3 84 83 4 83 93 2 85 84 4 94 84 0 85 86 -12 85 95 6 87 86 -7 96 86 -4 88 87
2 87 97 1 89 88 6 98 88 -2 89 90 2 99 89 3 90 100 -4 92 91 -9 91 101 -8 93
92 -4 102 92 0 93 94 -6 103 93 -5 95 94 -3 104 94 6 96 95 -4 95 105 -8 97 96
-4 96 106 -8 97 98 -5 107 97 -3 98 99 -11 108 98 -12 99 100 -8 99 109 -3 110
100 -1 101 102 -7 101 111 0 103 102 -2 102 112 -2 104 103 -8 113 103 -3 105
104 -11 114 104 -10 105 106 1 105 115 -9 107 106 -9 106 116 -3 108 107 -7
117 107 -6 108 109 4 118 108 4 109 110 6 109 119 -10 120 110 0 111 112 -1
121 111 -8 113 112 -9 112 122 3 113 114 -13 123 113 1 114 115 -8 124 114 -8
116 115 -10 125 115 -4 116 117 -9 116 126 -2 117 118 6 117 127 -8 118 119
-9 128 118 -4 119 120 -6 119 129 -5 130 120 1 122 121 -5 131 121 -8 123 122
-4 122 132 -8 124 123 -10 133 123 -2 124 125 1 124 134 -1 126 125 -13 135
125 -12 127 126 3 126 136 6 127 128 -10 137 127 0 128 129 1 128 138 -11
130 129 4 139 129 1 130 140 4 131 132 0 141 131 -9 132 133 -12 132 142 -6
133 134 2 143 133 -9 135 134 -13 144 134 -6 135 136 2 135 145 -1 137 136 -8
146 136 -4 137 138 0 137 147 -10 139 138 -4 138 148 3 140 139 -6 139 149 0
150 140 -3 142 141 -3 141 151 0 142 143 -13 142 152 4 143 144 4 143 153 4
144 145 4 144 154 -1 145 146 5 155 145 -3 146 147 -7 156 146 -13 148 147 3
157 147 3 149 148 -6 158 148 -9 150 149 -1 159 149 -3 150 160 -7 152 151 4
161 151 1 153 152 -11 162 152 -3 154 153 0 153 163 1 155 154 -12 154 164 -1
156 155 1 155 165 -13 156 157 -12 166 156 -5 157 158 0 157 167 6 159 158
0 158 168 0 159 160 -6 169 159 0 170 160 -4 162 161 -5 171 161 -6 163 162
6 162 172 -3 164 163 -13 173 163 -7 164 165 -9 174 164 -11 166 165 -7 165
175 -7 167 166 0 176 166 2 167 168 -5 177 167 -7 169 168 -1 168 178 3 169
170 0 169 179 2 180 170 -8 171 172 2 171 181 -12 172 173 -11 182 172 6 173
174 -12 173 183 -11 174 175 -11 174 184 0 175 176 -4 175 185 4 176 177 -1
186 176 -12 178 177 2 187 177 -13 179 178 3 178 188 0 180 179 -1 189 179 6
180 190 6 181 182 0 191 181 -4 183 182 0 192 182 5 183 184 -13 193 183 -6
185 184 -8 194 184 -5 186 185 -2 185 195 -6 186 187 0 186 196 0 188 187 -10
197 187 -8 188 189 -13 198 188 -5 190 189 -2 189 199 0 190 200 1 191 192 -5
193 192 -8 193 194 -11 195 194 -2 196 195 2 197 196 -6 197 198 -3 199 198
4 200 199 -8 **71 151** end;

dav33: 200 370 2 1 -8 1 11 -1 2 3 5 12 2 5 3 4 -9 3 13 -5 4 5 -4 4 14
5 5 6 1 15 5 6 6 7 4 6 16 5 8 7 -12 17 7 4 8 9 2 18 8 -3 10 9 -9 19 9 -10 10
20 0 12 11 -4 21 11 3 12 13 -5 22 12 0 14 13 3 23 13 -13 14 15 -9 24 14 0 15

16 4 15 25 -4 17 16 5 16 26 0 17 18 -3 27 17 -10 18 19 -5 18 28 3 19 20 -2 19
29 -13 20 30 1 22 21 -2 31 21 -7 22 23 6 22 32 -6 23 24 -5 23 33 -9 25 24 -1
34 24 -4 25 26 -9 25 35 -11 26 27 -7 36 26 -3 27 28 -11 27 37 -13 29 28 0 38
28 -1 30 29 2 39 29 -12 30 40 4 32 31 1 41 31 -2 33 32 3 32 42 -3 33 34 -9 43
33 -3 35 34 -3 44 34 1 36 35 4 45 35 -2 37 36 3 36 46 -6 38 37 2 47 37 -6 38
39 -10 48 38 -3 39 40 3 39 49 -7 40 50 -2 41 42 -10 51 41 -9 43 42 6 52 42 6
44 43 6 53 43 -5 45 44 -7 44 54 -10 46 45 1 55 45 -11 47 46 -9 56 46 1 48 47
-10 57 47 -4 49 48 -11 48 58 -7 50 49 -2 49 59 -4 50 60 1 51 52 -11 51 61 -8
52 53 6 52 62 -2 54 53 5 63 53 -8 55 54 4 54 64 -10 56 55 -13 65 55 2 56 57
5 56 66 0 58 57 -7 67 57 2 59 58 3 68 58 -4 59 60 -4 59 69 -6 60 70 -6 61 62
0 61 71 -12 63 62 0 72 62 1 64 63 5 63 73 -4 64 65 3 64 74 -9 65 66 3 75 65
-7 66 67 -11 76 66 -13 68 67 -13 77 67 -4 69 68 -7 68 78 -11 70 69 4 79 69 2
70 80 1 71 72 5 71 81 -5 72 73 6 72 82 -4 73 74 -1 83 73 2 75 74 -1 74 84 -13
76 75 -4 85 75 -6 77 76 -10 86 76 -11 78 77 -13 87 77 5 78 79 -3 88 78 -3 80
79 4 79 89 -13 80 90 3 82 81 -4 81 91 3 83 82 -10 92 82 1 83 84 -5 93 83 -7
85 84 5 84 94 -4 86 85 -10 85 95 2 86 87 -11 96 86 5 87 88 -11 97 87 -10 88
89 -13 98 88 -10 89 90 -9 99 89 -13 90 100 -10 92 91 -1 101 91 4 92 93 -7 102
92 -11 93 94 -6 103 93 -11 94 95 -7 104 94 -4 95 96 -13 95 105 4 96 97 -12
106 96 -6 97 98 -8 97 107 -2 98 99 -6 98 108 -3 100 99 -7 99 109 -10 110 100
-13 102 101 -6 101 111 -7 102 103 1 112 102 1 104 103 1 103 113 6 105 104
-1 114 104 -6 105 106 -5 115 105 6 107 106 -3 106 116 6 107 108 -3 117 107
-5 109 108 -2 118 108 -7 109 110 -5 109 119 -12 110 120 -13 112 111 -10 111
121 -6 112 113 5 112 122 3 114 113 -5 113 123 1 115 114 -13 124 114 -8 116
115 -10 125 115 -11 116 117 -7 126 116 -8 117 118 -4 127 117 3 119 118 -11
118 128 4 120 119 5 129 119 -9 120 130 -6 121 122 0 131 121 0 123 122 -8
122 132 -13 124 123 5 123 133 -4 125 124 -12 134 124 -7 126 125 -4 135 125
-13 127 126 -13 136 126 -3 128 127 -1 137 127 3 128 129 6 138 128 5 129 130
-11 129 139 -8 130 140 -6 132 131 0 141 131 -5 132 133 -1 142 132 0 133 134
4 133 143 1 135 134 -13 144 134 4 136 135 -10 135 145 5 137 136 -9 136 146
-2 138 137 -3 147 137 2 139 138 -2 148 138 -13 140 139 -13 149 139 -13 150
140 -10 142 141 2 141 151 -8 143 142 2 152 142 -7 144 143 -7 143 153 3 144
145 -13 154 144 -12 145 146 -11 155 145 -6 146 147 -9 146 156 -7 148 147
-11 157 147 -10 149 148 -8 158 148 -8 149 150 3 149 159 -13 160 150 1 151
152 -11 161 151 -11 152 153 6 152 162 -9 154 153 -6 163 153 -9 154 155 -7
164 154 2 155 156 -3 155 165 -1 157 156 -8 156 166 -9 157 158 1 167 157 -3
158 159 5 168 158 -9 159 160 -13 159 169 -11 160 170 -2 162 161 -5 171 161
4 163 162 -9 172 162 2 163 164 3 163 173 -5 165 164 3 174 164 -7 165 166
-12 165 175 -12 167 166 -8 166 176 -5 167 168 0 177 167 -10 168 169 5 168
178 -11 169 170 -10 169 179 -8 180 170 3 172 171 -2 181 171 -12 172 173 3
182 172 -9 173 174 -5 173 183 -11 174 175 5 184 174 1 175 176 0 185 175 5
177 176 -3 176 186 -13 177 178 4 177 187 -13 178 179 -2 178 188 -5 180 179
-7 189 179 1 190 180 -4 182 181 4 181 191 6 183 182 4 192 182 4 184 183 -7
193 183 5 184 185 5 184 194 -9 186 185 5 195 185 -10 186 187 -7 186 196 -11
187 188 -9 197 187 0 189 188 -7 188 198 -6 189 190 -9 199 189 -12 190 200

3 191 192 -10 192 193 4 194 193 3 195 194 -4 195 196 4 197 196 6 197 198 1
198 199 0 200 199 -6 **75 107** end;

dav194: 200 370 2 1 4 1 11 -10 2 3 -10 2 12 -10 3 4 -3 13 3 -13 5 4 3
4 14 -1 6 5 5 5 15 3 7 6 -3 16 6 6 8 7 -3 7 17 -3 8 9 -1 18 8 -12 10 9 -6 9 19
-12 10 20 -10 12 11 -12 21 11 -3 13 12 2 12 22 -8 14 13 5 23 13 -2 15 14 -11
24 14 -4 15 16 -13 15 25 4 16 17 -8 26 16 -4 17 18 0 27 17 -3 18 19 2 18 28
-13 20 19 4 29 19 -6 20 30 -9 21 22 -12 21 31 5 23 22 -3 32 22 -6 24 23 -3 23
33 -4 25 24 0 34 24 3 26 25 6 25 35 -4 27 26 -6 36 26 4 27 28 -12 37 27 -4 28
29 4 38 28 -4 29 30 -9 29 39 1 40 30 -12 32 31 2 31 41 2 33 32 -13 32 42 2 33
34 -4 43 33 3 35 34 -7 44 34 1 36 35 -11 45 35 -7 36 37 1 46 36 -2 38 37 5 47
37 0 38 39 -5 38 48 -4 39 40 -6 49 39 -1 40 50 3 42 41 5 41 51 2 42 43 5 42 52
6 43 44 6 53 43 2 44 45 -1 54 44 3 46 45 0 45 55 3 46 47 -4 56 46 -8 47 48 -13
47 57 2 49 48 -8 48 58 -13 49 50 1 49 59 2 60 50 5 51 52 -8 61 51 -11 53 52
-9 62 52 -10 54 53 3 53 63 5 55 54 4 64 54 -10 55 56 -10 65 55 -4 56 57 4 66
56 -7 57 58 -1 67 57 -1 58 59 -11 58 68 -13 60 59 -10 69 59 -5 70 60 -8 61 62
-1 61 71 -11 63 62 -2 72 62 -4 63 64 -12 63 73 -5 64 65 -7 64 74 -12 66 65 1
75 65 4 66 67 -5 66 76 -8 68 67 0 67 77 1 69 68 -1 78 68 -1 69 70 -4 79 69 -11
80 70 -4 71 72 0 71 81 6 73 72 2 72 82 6 74 73 5 73 83 -8 74 75 0 84 74 -10
75 76 3 75 85 3 77 76 -2 76 86 -6 78 77 5 77 87 -9 78 79 -13 78 88 -1 80 79 -8
79 89 -8 90 80 -13 81 82 -1 91 81 2 82 83 -7 92 82 2 84 83 -5 93 83 4 85 84 3
94 84 -13 86 85 6 85 95 -10 86 87 2 96 86 -9 87 88 -11 97 87 -4 89 88 -13 88
98 2 90 89 -1 89 99 4 100 90 -11 91 92 -1 101 91 -12 92 93 -5 102 92 -10 93
94 2 103 93 -12 95 94 -7 104 94 -2 96 95 -4 105 95 -9 96 97 -11 96 106 -9 98
97 -11 97 107 -1 98 99 -13 108 98 -10 99 100 -5 109 99 0 100 110 2 102 101 1
111 101 -4 103 102 -9 102 112 -9 104 103 4 103 113 -8 104 105 -5 114 104 -1
106 105 -9 105 115 -6 106 107 6 106 116 3 108 107 2 117 107 5 109 108 -10
108 118 -13 110 109 5 119 109 6 120 110 -4 112 111 -1 111 121 -2 112 113 -9
122 112 -6 114 113 2 113 123 3 114 115 -10 124 114 -6 116 115 -2 115 125 -1
116 117 1 126 116 -10 117 118 -11 117 127 3 118 119 -9 128 118 6 119 120 5
129 119 -7 120 130 -1 122 121 -4 121 131 -13 122 123 0 122 132 -4 123 124
-10 123 133 -1 124 125 1 134 124 -1 125 126 -5 135 125 -3 126 127 -6 136
126 -13 128 127 -3 127 137 -5 128 129 6 128 138 -1 130 129 -12 129 139 -10
140 130 -11 131 132 -7 141 131 -9 132 133 -3 142 132 5 134 133 -3 143 133 -3
135 134 0 134 144 -8 136 135 -8 145 135 -3 137 136 -4 136 146 1 137 138 0
147 137 -6 138 139 -3 138 148 -3 140 139 -2 139 149 -8 150 140 -5 141 142 -3
151 141 -13 142 143 5 152 142 -9 144 143 -9 153 143 2 145 144 -11 144 154
3 146 145 4 145 155 -3 146 147 4 156 146 -8 147 148 5 157 147 -7 149 148 -5
158 148 3 150 149 6 149 159 -2 150 160 6 151 152 -6 161 151 -7 153 152 -6
162 152 -10 153 154 -4 153 163 -2 155 154 -12 154 164 -5 156 155 -9 155 165
2 157 156 -4 156 166 3 158 157 3 157 167 -4 159 158 -6 168 158 2 159 160
3 159 169 -7 160 170 -5 162 161 5 161 171 0 163 162 -9 162 172 -4 164 163
0 163 173 2 165 164 -12 174 164 -13 165 166 -5 175 165 -7 166 167 -10 176
166 -13 168 167 -8 177 167 -10 168 169 -9 178 168 -3 170 169 -1 179 169 6

170 180 1 171 172 -8 171 181 3 173 172 -12 182 172 -2 173 174 -13 183 173
-6 175 174 6 184 174 -8 176 175 6 185 175 5 176 177 -4 186 176 -12 177 178
-2 177 187 0 178 179 -3 178 188 0 180 179 2 189 179 -3 190 180 -13 182 181
-7 191 181 4 182 183 5 182 192 1 183 184 -9 183 193 1 185 184 -5 194 184 -2
185 186 0 195 185 -6 187 186 -1 186 196 -11 187 188 -8 187 197 2 189 188
2 198 188 2 190 189 3 189 199 -8 200 190 -10 192 191 1 193 192 5 194 193
0 195 194 -3 196 195 -6 197 196 5 198 197 2 198 199 -4 200 199 0 **53 103** end;

dav277: 200 370 2 1 -1 11 1 -4 2 3 -13 12 2 -13 4 3 0 13 3 -4 4 5 -4
14 4 -8 6 5 2 15 5 -13 7 6 -2 6 16 5 8 7 -11 17 7 3 9 8 -13 18 8 -5 9 10 4 9 19
-13 20 10 3 12 11 6 21 11 -12 13 12 3 12 22 -13 13 14 -7 13 23 6 14 15 -8 14
24 -1 15 16 -3 25 15 -9 16 17 2 16 26 -9 17 18 -8 17 27 -12 19 18 -6 28 18 -1
20 19 -3 19 29 -4 30 20 -13 22 21 -6 31 21 -8 22 23 3 32 22 -3 24 23 -6 33 23
-5 25 24 -2 34 24 2 26 25 -5 25 35 -3 26 27 -13 36 26 1 27 28 -1 37 27 2 28 29
6 28 38 -8 29 30 -13 39 29 -12 30 40 2 31 32 0 31 41 -7 33 32 -13 32 42 -5 34
33 3 33 43 -4 34 35 -4 44 34 -10 36 35 -9 35 45 -10 37 36 -3 46 36 -9 38 37 2
47 37 -7 38 39 3 38 48 2 40 39 -3 49 39 -2 40 50 -4 42 41 6 51 41 -2 42 43 1
42 52 -4 43 44 -4 43 53 -12 44 45 -6 54 44 0 45 46 5 45 55 -8 47 46 -5 46 56
-11 48 47 0 57 47 -12 49 48 2 48 58 -3 49 50 3 59 49 -11 50 60 -2 52 51 -4 61
51 5 52 53 -4 52 62 -5 54 53 -4 63 53 6 54 55 2 54 64 0 56 55 -10 55 65 4 56
57 -8 56 66 -7 57 58 -1 57 67 4 58 59 -1 58 68 -9 60 59 -10 59 69 -4 70 60 -2
61 62 -12 61 71 6 62 63 -4 72 62 -12 63 64 3 63 73 -4 65 64 -12 74 64 -5 66
65 -13 65 75 1 67 66 -1 76 66 -7 67 68 -8 67 77 -6 69 68 -12 78 68 4 69 70 -10
69 79 5 70 80 6 72 71 6 71 81 -11 73 72 -9 82 72 -1 73 74 -2 83 73 0 75 74 5
84 74 3 75 76 -1 85 75 -3 77 76 6 86 76 -2 77 78 -6 77 87 -5 79 78 -12 88 78
-4 79 80 -4 79 89 -4 90 80 0 82 81 -6 81 91 1 82 83 -5 82 92 -12 83 84 5 93 83
-7 85 84 -1 94 84 3 85 86 5 95 85 6 87 86 -13 96 86 6 88 87 4 87 97 2 88 89
5 88 98 6 89 90 -5 89 99 -13 100 90 0 92 91 -9 101 91 -8 93 92 -6 102 92 -3
94 93 -8 93 103 -12 94 95 -9 104 94 5 96 95 -2 105 95 1 97 96 1 106 96 -6 97
98 6 97 107 -7 99 98 2 98 108 -4 99 100 -8 99 109 -1 100 110 -13 102 101 -5
101 111 0 102 103 2 112 102 2 104 103 5 113 103 3 104 105 6 104 114 -9 105
106 1 115 105 -11 107 106 -11 106 116 2 108 107 -9 117 107 -12 109 108 4
118 108 6 110 109 4 109 119 -9 120 110 3 112 111 -12 121 111 -6 113 112 -12
122 112 -5 114 113 -2 123 113 -3 115 114 -12 114 124 2 116 115 -2 125 115 5
117 116 -5 126 116 0 117 118 5 117 127 -13 119 118 -4 118 128 4 120 119 -12
129 119 6 130 120 -3 121 122 6 121 131 -13 123 122 2 122 132 -7 123 124 -4
123 133 -4 125 124 -6 124 134 -12 125 126 -4 135 125 -4 126 127 -8 126 136
1 127 128 4 137 127 -11 128 129 -4 138 128 -4 129 130 -2 139 129 -5 140 130
-13 131 132 -10 131 141 -3 133 132 4 132 142 2 133 134 3 133 143 -13 134
135 -6 134 144 -7 135 136 2 135 145 2 136 137 -6 146 136 -12 138 137 3 137
147 1 139 138 -4 148 138 -5 140 139 6 139 149 0 150 140 3 141 142 -2 141
151 -7 142 143 -1 152 142 -4 144 143 -4 143 153 -9 145 144 5 154 144 -12
146 145 -8 155 145 6 147 146 -10 146 156 -11 148 147 -9 157 147 -5 148 149
-4 158 148 -9 150 149 0 159 149 -8 160 150 -8 151 152 -4 151 161 1 152 153

-7 162 152 -6 154 153 0 153 163 5 155 154 0 164 154 -7 155 156 3 155 165 4
156 157 -8 166 156 -2 157 158 -10 167 157 -1 158 159 1 168 158 -13 160 159
-12 159 169 -11 170 160 -12 162 161 -13 161 171 -9 163 162 -1 162 172 -4
164 163 4 163 173 -13 164 165 -6 174 164 -5 166 165 -6 165 175 6 166 167 -6
166 176 5 168 167 -12 167 177 -1 169 168 3 178 168 -12 169 170 -12 179 169
1 170 180 1 171 172 -5 171 181 -1 173 172 -8 182 172 -1 174 173 -8 183 173
-6 174 175 -3 174 184 -4 175 176 -7 175 185 -12 176 177 5 186 176 5 177 178
-11 187 177 1 178 179 -7 178 188 -4 180 179 6 179 189 5 190 180 0 182 181
0 181 191 -7 183 182 -2 192 182 2 184 183 5 193 183 -12 184 185 3 194 184
-13 185 186 1 195 185 -13 186 187 0 196 186 -7 187 188 -4 197 187 0 189 188
-8 188 198 5 189 190 2 199 189 -8 190 200 5 191 192 -9 192 193 -5 193 194 0
194 195 5 195 196 -13 196 197 -11 198 197 5 198 199 1 200 199 -13 **40 197** end;

dav280: 200 370 2 1 -4 11 1 4 3 2 2 2 12 2 4 3 -10 13 3 2 4 5 -12 14
4 -4 6 5 -1 5 15 -5 6 7 -3 16 6 -6 7 8 -9 7 17 -4 9 8 5 8 18 -4 10 9 1 9 19 -11
10 20 -10 12 11 -1 21 11 -6 13 12 -1 22 12 1 13 14 -2 13 23 -11 15 14 -7 24
14 -1 15 16 -3 15 25 -8 16 17 -13 26 16 -13 17 18 -7 27 17 0 18 19 -6 18 28 5
19 20 -3 29 19 4 30 20 -11 22 21 0 21 31 -8 22 23 -9 32 22 -11 24 23 -7 23 33
-12 25 24 3 34 24 -3 25 26 -1 35 25 4 26 27 -7 36 26 -11 28 27 6 37 27 -11 28
29 -7 28 38 -10 30 29 -8 29 39 3 30 40 -12 31 32 0 31 41 -10 33 32 4 32 42 2
33 34 4 43 33 -3 34 35 -6 44 34 2 36 35 1 35 45 0 37 36 -3 46 36 -5 38 37 -13
47 37 -1 39 38 -5 38 48 -4 39 40 -10 39 49 -3 50 40 -5 42 41 -5 41 51 -12 43
42 -6 42 52 1 43 44 1 53 43 -7 44 45 -11 54 44 -2 45 46 6 55 45 -12 46 47 6
56 46 -7 48 47 -6 47 57 5 48 49 3 58 48 4 49 50 -1 59 49 -4 60 50 -11 52 51
-7 51 61 1 53 52 4 52 62 -10 54 53 0 63 53 -13 55 54 -2 54 64 5 56 55 -11 55
65 3 56 57 -6 56 66 -9 57 58 -4 67 57 -4 58 59 2 58 68 -13 59 60 -8 69 59 2
70 60 0 62 61 -3 71 61 -6 62 63 -9 62 72 -11 63 64 -7 63 73 -10 64 65 0 74 64
-2 66 65 2 65 75 4 67 66 -5 66 76 -3 68 67 -5 67 77 5 69 68 4 78 68 -5 70 69
-9 69 79 -6 80 70 -5 72 71 -8 81 71 -12 73 72 0 72 82 -5 74 73 -2 73 83 0 75
74 -12 84 74 0 75 76 -4 85 75 2 76 77 -8 76 86 0 78 77 -3 77 87 -9 78 79 6 78
88 4 80 79 -8 89 79 -7 80 90 2 81 82 -12 91 81 6 83 82 -4 92 82 4 83 84 2 93
83 -1 85 84 -9 94 84 -2 86 85 6 85 95 1 87 86 -10 86 96 2 88 87 2 87 97 -7 89
88 -13 98 88 -7 90 89 3 99 89 -11 90 100 -5 91 92 -7 91 101 -7 93 92 -9 102
92 -9 94 93 -13 93 103 -9 94 95 -13 94 104 -7 95 96 -12 105 95 -3 97 96 6 96
106 -9 97 98 -7 107 97 -8 99 98 -4 108 98 4 99 100 -10 99 109 -12 100 110
2 102 101 4 101 111 -8 103 102 1 102 112 1 103 104 5 113 103 1 104 105 -3
114 104 -2 105 106 -2 115 105 6 107 106 -4 116 106 -4 108 107 -4 117 107 1
108 109 -8 108 118 -11 110 109 -4 119 109 0 110 120 -12 112 111 -2 111 121
3 112 113 5 112 122 -7 114 113 -5 123 113 4 115 114 -8 114 124 5 115 116 -8
115 125 0 116 117 5 126 116 4 118 117 4 127 117 2 118 119 -2 128 118 1 119
120 -12 129 119 -7 130 120 -11 122 121 5 121 131 -7 122 123 -6 122 132 -4
124 123 -12 133 123 1 124 125 -12 124 134 -6 125 126 3 125 135 4 127 126
-9 136 126 6 128 127 -1 127 137 -12 128 129 -9 138 128 -6 130 129 5 139 129
2 140 130 -10 132 131 -12 131 141 1 133 132 3 142 132 -8 133 134 -13 143

133 4 135 134 -2 134 144 2 135 136 -10 145 135 1 137 136 5 136 146 2 138
137 -9 147 137 -2 139 138 -9 148 138 -1 140 139 4 139 149 -1 140 150 5 141
142 -8 141 151 -6 142 143 -11 152 142 -7 144 143 -7 153 143 -13 145 144 -5
144 154 -13 146 145 0 155 145 -9 146 147 4 156 146 -1 148 147 -9 157 147
-3 149 148 3 148 158 -12 149 150 -11 159 149 0 160 150 -4 152 151 -1 161
151 5 152 153 -8 162 152 -5 153 154 -2 163 153 -8 155 154 2 164 154 2 156
155 -12 155 165 -8 156 157 -7 166 156 -3 157 158 -10 167 157 -5 158 159 -12
168 158 -5 160 159 5 169 159 -3 170 160 0 161 162 -6 171 161 -8 162 163 0
162 172 -5 164 163 -12 163 173 4 164 165 -4 174 164 -2 166 165 -9 165 175 0
167 166 -3 176 166 -8 168 167 -3 177 167 -8 168 169 2 178 168 -5 170 169 3
169 179 -9 170 180 -5 172 171 -10 171 181 -4 172 173 0 172 182 6 174 173 6
173 183 3 175 174 4 174 184 -8 175 176 -5 185 175 -9 177 176 -8 186 176 -11
177 178 -10 177 187 2 178 179 -3 178 188 5 180 179 6 189 179 -2 180 190 -9
182 181 -4 191 181 -4 183 182 -13 182 192 -3 183 184 -7 183 193 5 185 184
-1 194 184 -11 186 185 5 185 195 2 186 187 -13 196 186 -13 187 188 -13 187
197 -6 189 188 4 188 198 -5 189 190 -13 189 199 -4 200 190 0 192 191 6 192
193 0 194 193 -12 194 195 -5 196 195 4 197 196 -2 197 198 -6 198 199 1 199
200 -2 **31 61** end;

www.ingramcontent.com/pod-product-compliance
Lightning Source LLC
LaVergne TN
LVHW042336060326
832902LV00006B/211